Leichter leben in Deutschland

Kochbuch

Band 9

von Hans Gerlach, Irmgard Gerlach, Felix Bamert

Vorwort

Wer abends geschafft von der Arbeit nach Hause kommt, hat oft kein Verlangen mehr, stundenlang in der Küche zu stehen. Das schnelle Essen ist gefragt, manchmal auch Fertiggerichte, Fast Food oder Konserve. Auch in der Arbeit und unterwegs muss es schnell gehen. Time is Money. Ein schnelles Sandwich aus der Bäckerei, eine Currywurst am Stehimbiss, ein Schokoriegel dämpft den aufkommenden Hunger.

Den meisten Menschen gelingt eine ausgewogene und gesunde Ernährung nur begrenzt: Nach einer neuen Umfrage ist diese nur für eine Minderheit im Alltag möglich. Dabei wünschen sich über 80 % der Deutschen eine gesunde Ernährung.

Vorsätze, sich besser, gesünder, abwechslungsreicher zu ernähren sind reichlich vorhanden, nur die Zeit, gelegentlich das Wissen und manchmal auch die Gelegenheiten fehlen. So bleibt alles beim Alten. Wunsch und Wirklichkeit klaffen weit auseinander. Snacks, Riegel, Kaffee to go, Wurst- und Käsebrot beherrschen bei uns den Tagesablauf.

Mit dem Band 9 der Kochbuchreihe von „Leichter leben in Deutschland" berücksichtigen wir genau diese Entwicklung. Unsere Rezepte bringen den Wunsch nach gesunder Ernährung und Ihren Alltag zusammen. Sie finden schnelle Rezepte, die binnen weniger Minuten zubereitet sind, Essen, das gut vorzubereiten ist und nur noch aufgewärmt werden braucht, sättigende Snacks, ideal zum Mitnehmen ins Büro oder für unterwegs. Diese Gerichte haben wir für 1 Person konzipiert. Wollen Sie diese für mehrere Personen kochen, werden die Mengen nur multipliziert, die Nährwerte pro Portion verändern sich dadurch nicht. Alle Rezepte sind kalorienreduziert, also ideal zum Abnehmen. Die Zusammenstellungen entsprechen den Vorgaben einer gesunden Ernährung.

Schon die Reihenfolge der Rezepte in diesem Buch weicht vom Üblichen ab. Wir beginnen mit der ganz schnellen Küche, mit den Quickies, die binnen weniger Minuten fertig auf dem Teller liegen. Um die Zubereitungszeit zu minimieren, greifen wir hier teilweise auch auf Halbfertig-, Tiefkühl- oder Instant-produkte zurück.

Die schnellste Hilfe gegen Hunger: Die „Leichter leben" Mahlzeitenersatz-Drinks und die Mahlzeitenersatz-Riegel. Sättigend bei wenig Kalorien, aber allen wichtigen Nährstoffen.

Besonderen Wert legen wir auf Eintöpfe, die gelegentlich in der Zubereitung etwas aufwändig erscheinen, aber gut haltbar sind und mehrmals aufgewärmt werden können. Am Wochenende gekocht, ist der Verzehr während der Woche zuhause oder im Büro prima möglich.

Dass man in Asien gesünder isst, haben schon zahlreiche Studien bewiesen. In Asien treten bestimmte Krankheiten seltener als in den westlichen Industrieländern auf oder sind sogar ganz unbekannt. Häufiger als bei uns kommt dort frisches Gemüse, Obst, Salat oder Reis auf die Teller, pflanzliche Fette, viel Fisch und Meeresfrüchte runden das Essen ab. Da Garzeiten meist kürzer sind, bleiben die Vitamine besser geschont. Wir haben einen Teil unsere Rezepte daher ein wenig an der Küche Asiens ausgerichtet und moderat angepasst. Passende Zutaten finden Sie mittlerweile in jedem Supermarkt.

Kleine Veränderungen sind der Schlüssel zu gesünderem Essen und zu einer besseren Figur. Ihr bisheriges Leben und Essen hat Sie zu dem werden lassen, was Sie momentan sind. Wenn Sie hier etwas verbessern wollen, müssen Sie auch das Essen verändern. Nicht radikal, nicht komplett, aber einige kleine Retuschen an den entscheidenden Stellen sind nötig. Freilich, Gewohnheiten sind klebrig. Nur wer hier und jetzt beginnt, hat die Chance zu einer positiven Veränderung. Beginnen Sie noch heute. Unser Kochbuch wird Ihnen dabei ein wertvoller Helfer sein.

Hier ein paar Tipps, wie Ihnen das Kochbuch beim Abnehmen, bei der schnellen Küche und bei einer gesunden Ernährung helfen kann:

Halten Sie sich an die Rezepte, tauschen Sie wenig aus und vor allem, wiegen Sie die Bestandteile ab. Selbst erfahrene Hausfrauen verschätzen sich bei Dosierungen aus dem Handgelenk. Oder wissen Sie genau, wieviel 80 g Nudeln, 150 g Kartoffeln sind? Können Sie 1 Esslöffel Öl ohne Abmessen dosieren? Wiegen Sie nicht ab, verändern sich die Nährwerte teilweise deutlich und der Abnehmerfolg kann verlangsamt werden oder bleibt völlig aus.

Erklärung der Rezept-Kennzeichnungen:

Die Kennzeichnung „**Turbo**" bei einzelnen Rezepten zeigt an, dass diese Zusammenstellungen arm an Kohlenhydraten und/oder Kalorien sind. Wollen Sie nach Ausrutschern oder Abnehmstillständen wieder in die Erfolgsspur zurück, dann ist der Griff zu diesen Rezepten ein Erfolgsgarant.

Allerdings sollten Sie bald wieder zu unseren ausgewogenen Abnehmrezepten zurückkehren, denn für eine Daueranwendung sind diese Gerichte nicht geeignet.

T

Bei Gerichten für unterwegs oder zum Mitnehmen ins Büro finden Sie die Kennzeichnung „**Mitnahmerezepte**". Hier ist der Transport problemlos möglich, auch die Frische und Haltbarkeit erlaubt einen späteren Genuss.

M

Eine besondere Kennzeichnung für die schnelle Orientierung weisen noch **vegetarische Rezepte** auf. Natürlich ist es durchaus möglich, bei fast allen Rezepten Fleisch und Fisch durch vegetarische Alternativen zu ersetzten. Achten Sie aber auf eine ausreichende Eiweißversorgung, die bei einer Reduktionsdiät wichtig ist.

V

Bei einigen Rezepten finden Sie dieses Zeichen. Felix Bamert ist ein schweizer Spitzenkoch, der heute in Thailand lebt und arbeitet. Seine Spezialität ist eine gelungene Symbiose aus fernöstlichen Rezepturen und europäischer Küche. Abnehmen heißt hier nicht Verzicht, sondern neue Gaumenerlebnisse. Genießen Sie seine Kreationen und staunen Sie, wie lecker und abwechslungsreich das Abnehmen sein kann. Alle Zutaten sind in jedem Supermarkt erhältlich.

Salatdressings

Salat ist gesund und kalorienarm, damit zum Abnehmen optimal - theoretisch. Doch das Grünfutter kann zum zum Diätkiller werden, verwendet man ungeeignete Salatsoßen. Viel Öl, Mayonnaise, Käse und Speckwürfel lassen die Kalorienzahl in die Höhe schnellen. Ein großer Teller gemischter Salat enthält zwar nur etwa 30 - 80 kcal, mit einer kräftigen Portion Dressing angerührt wird daraus aber schnell ein mehrfacher Wert, vorallem seit der Trend zu Fertigsoßen aus dem Supermarkt geht.

Was manche Käufer dieser Fertigprodukte übersehen: Die cremigen Salatveredler aus der Flasche sind wahre Kalorienbomben. Sie können bis bis zu 500 kcal pro 100 Gramm enthalten.

Ob italienisch, französisch oder mit Joghurt: Es muss kein Fertigdressing sein. Eine Salatsoße selber zuzubereiten geht schnell, ist günstig und schmeckt meist besser. Hausgemachte Soßen sind im Kühlschrank tagelang haltbar und chemische Begleitstoffe wie Konservierungsmittel, Verdicker oder Emulgatoren fehlen dann ganz sicher.

Für Ihre Salatsoßen sollten Sie sehr hochwertige Pflanzenöle wie Sesam-, Walnuss- oder kaltgepresstes Olivenöl verwenden. Diese gesundheitlich wertvollen Öle dürfen nicht erhitzt werden, sie sind daher für Salate optimal. Allerdings liefert das Öl die meisten Kalorien, daher nicht direkt aus der Flasche über den Salat kippen, sondern genau abmessen.

Selbstgemacht muss nicht immer nur die Mischung aus Essig, Öl, Zwiebeln, Salz und Pfeffer sein, versuchen Sie einmal ein paar besondere Dressings, hier unsere Rezepte (Felix Spezial für Leichter leben):

Sesam Vinaigrette

Zitronengras von den äußeren Blättern und Strunk befreien, dann fein schneiden. Schalotten schälen, halbieren und in feine Scheiben schneiden. Frühlingszwiebeln fein schneiden.

Sesamsamen in einer beschichteten Pfanne golden rösten und heiß in eine Schüssel zu den Ölen geben.

Alle restlichen Zutaten beigeben und mit Salz und Pfeffer abschmecken.

Tipp: Passt zu Sprossen und zu Gemüsesalaten.

1 Portion enthält ca.: 133 kcal · 13 g Fett · 3 g Kohlenhydrate · 2 g Eiweiß · 1 g Ballaststoffe · 0 mg Cholesterin

Zutaten für 4 Portionen:

3 EL	Rapsöl	½	Zitronengras
1 TL	Sesamöl	2	Schalotten
3 EL	Zitronensaft	½ TL	brauner Zucker
2 EL	Sojasoße		
2 EL	Sesam geschält		Salz
2	Frühlingszwiebeln		Pfeffer aus
			der Mühle

Mango Chutney Dressing

Öl, Essig, Chutney, Zitronensaft und Zucker gut verrühren bis das Dressing emulgiert.

Gehackten Koriander und in Würfel geschnittene Mango untermengen, mit Salz und Pfeffer abschmecken.

Tipp: Zu bitteren Salaten oder mit gebratenem Fisch. Schmeckt mit allen Chutneys.

1 Portion enthält ca.: 169 kcal · 15 g Fett · 8 g Kohlenhydrate · 0,3 g Eiweiß · 1 g Ballaststoffe · 0 mg Cholesterin

Zutaten für 4 Portionen:

5 EL	Maiskeimöl	½	Mango
2 EL	Weißweinessig		
1 EL	Mango Chutney		Salz
1 EL	Zitronensaft		Pfeffer aus
1 TL	brauner Zucker		der Mühle
4	Zweige frisches		
	Koriandergrün		
	erstzweise glatte		
	Petersilie		

Balsamico Dressing

Zutaten für 4 Portionen:

Schalotten und Knoblauch schälen und fein schneiden.
Basilikumblätter in Streifen schneiden.

Öl, Balsamico und Senf gut verrühren, restliche Zutaten
beimischen und mit Salz und reichlich Pfeffer abschmecken.

Tipp: Ein Dressing das immer passt, zu Blattsalaten,
Caprese und natürlich auch zu Pasta Salaten, eigentlich
zu fast allem.

6 EL	Olivenöl kaltgepresst	½ EL	Senf
4 EL	Balsamico	½ Bund	Basilikum
3	Schalotten		Salz
2	Knoblauchzehen		Pfeffer aus der Mühle

1 Portion enthält ca.: 184 kcal · 18 g Fett · 5 g Kohlenhydrate · 0,6 g Eiweiß · 0,5 g Ballaststoffe · 0 mg Cholesterin

Scharfes Thai Dressing

Zutaten für 4 Portionen:

In einem Mörser Chilis, Knoblauch und Palmzucker zerreiben.

Fischsauce und Limettensaft beigeben, mit einem Löffel
mischen, fein in Scheiben geschnittene Schalotten und
gehackten Koriander untermischen, mit Salz und Pfeffer
abschmecken.

Tipp: Passt zu gegrillten oder gebratenen Fleischsalaten,
wenn Sie das Dressing für Meeresfrüchte nehmen, weniger
Knoblauch oder ganz weglassen.

2 EL	Fischsauce	½ Bund	frischer Koriander ersatzweise glatte Petersilie
3 EL	Limettensaft		
2 TL	Palmzucker		
2	Knoblauchzehen		
2-3	Chilis		Salz
2	Schalotten		Pfeffer aus der Mühle

1 Portion enthält ca.: 30 kcal · 0 g Fett · 6 g Kohlenhydrate · 0,5 g Eiweiß · 0,6 g Ballaststoffe · 0 mg Cholesterin

Honig Limetten Vinaigrette

Zutaten für 4 Portionen:

Alle Zutaten in einer Schüssel gut verrühren und mit
Salz und Pfeffer abschmecken.

Tipp: Passt zu Blattsalaten mit Fisch und Geräuchertem.

5 EL	kaltgepresstes Olivenöl		Salz
3 EL	Limettensaft		Pfeffer aus der Mühle
1 EL	Honig		

1 Portion enthält ca.: 158 kcal · 15 g Fett · 6 g Kohlenhydrate · 0 g Eiweiß · 0 g Ballaststoffe · 0 mg Cholesterin

Joghurt Dressing

Abgeriebene Schale und Saft von der Limette mit Joghurt, Sahne und Olivenöl verrühren, die gehackten Kräuter und Knoblauch unterziehen, mit Salz und Pfeffer abschmecken.

Wer will kann die Sauce auch mixen, dann geben die Kräuter eine schöne grüne Färbung.

Tipp: Schöne Salatsauce für gemischte Salate. Im Frühling mit Bärlauch ein Hit.

Zutaten für 4 Portionen:

200 g	Naturjoghurt 1,5%	1 Bund	Schnittlauch
1	Limette (Schale und Saft)	½ Bund	Petersilie
		4	Zweige Minze
2 EL	Sahne		Salz
2 EL	Olivenöl kaltgepresst		Pfeffer aus der Mühle
1	Knoblauchzehe		

1 Portion enthält ca.: 116 kcal · 10 g Fett · 3 g Kohlenhydrate · 2 g Eiweiß · 1 g Ballaststoffe · 8 mg Cholesterin

Kräuter Vinaigrette

Schalotten und Kräuter hacken und mit den restlichen Zutaten vermischen. Mit Salz und Pfeffer abschmecken.

Tipp: Hier können Sie hochwertige Öle und Essigvarianten ausprobieren. Kräuter alles was der Garten hergibt. Passt zu allem Gekochten.

Zutaten für 4 Portionen:

4 EL	Rapsöl kaltgepresst	½ Bund	gemischte Gartenkräuter wie:
1 EL	Estragonessig		Estragon, Kerbel,
2 TL	Limettensaft		Petersilie, Schnittlauch, Majoran
1 EL	Würzer Brühe		
1 TL	brauner Zucker		
2	Schalotten		Salz
			Pfeffer aus der Mühle

1 Portion enthält ca.: 119 kcal · 12 g Fett · 2 g Kohlenhydrate · 0 g Eiweiß · 0,5 g Ballaststoffe · 0 mg Cholesterin

Nuss Vinaigrette

Nüsse grob hacken und einer beschichteten Pfanne rösten bis die Nüsse anfangen zu duften, in eine Schüssel zu dem Öl geben.

Schalotten hacken und mit den restlichen Zutaten zu den Nüssen und Öl geben, gut verrühren und mit Salz und Pfeffer abschmecken.

Tipp: Passt zu Herbstsalaten.

Zutaten für 4 Portionen:

5 EL	Walnussöl	15 g	Haselnüsse
3 EL	Sherry Essig weiß	2	Schalotten
1 EL	Honig		Salz
1 EL	grobkörniger Senf		Pfeffer aus der Mühle
15 g	Walnüsse		

1 Portion enthält ca.: 204 kcal · 20 g Fett · 4 g Kohlenhydrate · 2 g Eiweiß · 1 g Ballaststoffe · 0 mg Cholesterin

Salat – mehr als grüne Blätter

Salat ist gesund, vitaminreich und für unsere Verdauung wichtig. Eine Behauptung, die Mütter den Kindern und Ehemännern seit Jahren erzählen, Salatmuffel jedoch auf die Palme bringen. Der Nährwert und Vitamingehalt gleicht dem eines Papiertaschentuches, kontern die Salatverweigerer. Wer hat Recht?

Wie so oft befindet sich die Wahrheit irgendwo dazwischen. Wie gesund ein Salat ist, hängt von der Sorte, vom Zeitpunkt der Ernte, von Transportwegen und Lagerhaltung ab. Diese Faktoren bestimmen maßgebend den Vitamingehalt und damit die Wertigkeit. Ein grüner Salat enthält insgesamt sehr wenig Vitamine, Tomaten, Paprika liegen im Mittelfeld, Rucola, Karotten sind Spitzenreiter im Vitamin- und Mineralstoffgehalt, ferner bedeutsam als Lieferanten der sekundären Pflanzenstoffe.

Abhängig sind diese Gehalte aber viel mehr von der Jahreszeit und den Transport- und Lagerbedingungen. Wer gesunden Salat essen will, sollte daher immer zur Sorte der Saison greifen. Und hauptsächlich zu Sorten, die kurze Transportwege haben.

Ein grundsätzlicher Mangel aller Salate ist das Fehler von Proteinen. Kombinieren Sie den Salat daher mit Fisch oder fettarmem Fleisch. In dieser Kombination sind Salate ideal zum Abnehmen, denn die Ballaststoffe füllen den Magen und die Proteine liefern wertvolle Aminosäuren, von denen etliche für den Organismus essentiell sind. Angerichtet mit einer kleinen Menge wertvoller Pflanzenöle, wie Raps-, Oliven-, Sesam- oder Walnussöl wird der Salat dann zu einem schlanken Gesundbrunnen.

Rezepte

Schon die Sortierung unterscheidet dieses Kochbuch von vielen anderen. Nicht nach Produktgruppen oder Zutaten wie üblich, sondern nach Zeitaufwand haben wir unsere Rezepte für Sie aufsteigend geordnet. Wir beginnen mit ganz schnellen Rezepten, die binnen weniger Minuten zubereitet sind, also auch nach einem hektischen Arbeitstag. Mit einer durchschnittlichen Zubereitungszeit von 5 Minunten geht es los, es folgen Rezepte, die in 10, 15, 20 Minuten fertig auf dem Tisch stehen. Je weiter Sie nach hinten blättern, um so raffinierter werden die Rezepte. Je nach Lust und zur Verfügung stehender Zeit können Sie so sehr schnell tagtäglich geeignete Rezepte auswählen.

Für die Suche nach bestimmten Rezepten haben wir etliche schnelle Hilfen für Sie vorbereitet. In den Inhaltsverzeichnissen im Buch finden Sie 2 verschiedene Sortierungen der Rezepte. Einmal nach Gruppen wie üblich (Fisch, Rind, Geflügel, vegetarisch usw.) und zusätzlich auch rein alphabetisch. So finden Sie Ihre Lieblingsrezepte blitzschnell immer wieder.

Eine komplette Liste aller Rezepte aus den bisher erschienenen 9 Kochbüchern von „Leichter leben in Deutschland" können Sie auf der Website von „Leichter leben" unter www.llid.de herunterladen. Gehen Sie dort auf die Seite „Das Prinzip". Unter FAQ´s können Sie eine komplette Excel-Liste herunterladen mit allen Sortiermöglichkeiten.

Als Benutzer der Website „abnehmscout" (www.abnehmscout.de) haben Sie die zusätzliche Möglichkeit Essen und Trinken in Ihre persönliche Tagesbilanz einzugeben. Für alle Gerichte aus den Kochbüchern von „Leichter leben in Deutschland" genügt ein Klick und schon ist die Bilanz aktualisiert. Nie war Abnehmen leckerer, schneller und einfacher.

Wrap Putenschinken-Tomate-Sour Cream M

Salat waschen und trocken schleudern. Tomate waschen und in dünne Scheiben schneiden.

Wrap nach Packungsanweisung z.B. in der Mikrowelle erwärmen, mit der Sour Cream bestreichen, mit den Salatblättern, dem Putenschinken und den Tomatenscheiben belegen und aufrollen.

Den Wrap entweder sofort verzehren oder fest in Frischhaltefolie wickeln, so hält sich der Wrap auch gut einen Tag im Kühlschrank oder kann einfach mitgenommen werden.

Fertig in ca. 5 Minuten.

Zutaten für 1 Portion:

1	Wrap oder Tortilla ca. 65 g
einige	Eissalatblätter
50 g	Putenschinken
1	Tomate
30 g	Sour Cream 10% oder saure Sahne 10%

1 Portion enthält ca.: 317 kcal · 9 g Fett · 38 g Kohlenhydrate · 21 g Eiweiß · 3 g Ballaststoffe · 32 mg Cholesterin

Forellensalat M

Zutaten für 1 Portion:

125 g	geräuchertes Forellenfilet	1 EL	Essig
1	Apfel	1 EL	Limetten- oder
2 EL	gehackte Petersilie		Zitronensaft
	Salz	1 TL	Rapsöl
	frisch gemahlener bunter		
	Pfeffer	100 g	Vollkornbrötchen

Forellenfilet aus der Packung nehmen und mit einer Gabel zerpflücken. Apfel waschen, vierteln, entkernen, mitsamt der Schale grob raspeln und zum Fisch geben.

Petersilie, Essig, Limettensaft, Öl, Salz und reichlich Pfeffer zugeben und alles gut mischen.

Das Brot dazu reichen.

Kann sehr gut mitgenommen werden und schmeckt besonders gut, wenn der Salat etwas durchgezogen ist.

Fertig in ca. 5 Minuten.

1 Portion enthält ca.: 487 kcal · 9 g Fett · 63 g Kohlenhydrate · 35 g Eiweiß · 9 g Ballaststoffe · 74 mg Cholesterin

Butterbrot mit Limburger und Birne M V

Das Brot mit der abgewogenen Butter bestreichen, Birne waschen, teilen, entkernen und in Spalten schneiden, den Limburger in Scheiben schneiden.

Das Butterbrot abwechselnd mit den Birnenspalten und Limburgerscheiben belegen, nach Belieben mit Salz und Pfeffer würzen und mit Petersilienblättchen bestreuen.

Tipp: zum Mitnehmen das Butterbrot nur mit den Limburgerscheiben belegen, die Birne im Ganzen mitnehmen und erst kurz vor dem Verzehr in Spalten schneiden, sonst wird sie braun.

Fertig in ca. 5 Minuten.

Zutaten für 1 Portion:

50 g	Vollkornbrot
5 g	Butter
100 g	Limburger 9% Fett absolut
1	Birne
	Salz, Pfeffer
	glatte Petersilie, falls vorrätig

1 Portion enthält ca.: 388 kcal · 14 g Fett · 36 g Kohlenhydrate · 30 g Eiweiß · 7 g Ballaststoffe · 34 mg Cholesterin

Kartoffelkas auf Tomatencarpaccio V

Die gekochten Kartoffeln schäler und mit einer Gabel zerdrücken oder durch die Kartoffelpresse drücken.

Schmand, saure Sahne und Milch unterrühren und mit Salz und Pfeffer abschmecken.

Die Tomate waschen, in dünne Scheiben schneiden und auf einem Teller auslegen, nach Geschmack leicht salzen.

Kartoffelkas darauf anrichten und mit den Kräutern bestreuen. Toast rösten und dazu reichen.

Fertig in ca. 5 Minuten ohne Kartoffel-Kochzeit.

Zutaten für 1 Portion:

250 g	gekochte Kartoffeln (auch vom Vortag)
25 g	Schmand 20%
50 g	saure Sahne 10%
50 ml	Milch 1,5%
	Salz, Pfeffer
1	Fleischtomate
	gehackte Kräuter nach Vorrat, z.B. Petersilie, Basilikum, Rauke, Schnittlauch
1	Scheibe Körnertoast ca. 37 g

1 Portion enthält ca.: 445 kcal · 13 g Fett · 65 g Kohlenhydrate · 14 g Eiweiß · 8 g Ballaststoffe · 33 mg Cholesterin

Handkäs mit Musik M V

Zutaten für 1 Portion:

200 g	Harzer Roller Käse	1 TL	Kümmel
1	Zwiebel	50 g	Roggenbrot
2 EL	Weißwein		Petersilie zur
3 EL	Weinessig		Dekoration
1 TL	Rapsöl		
	Salz, Pfeffer		

Zwiebel schälen und hacken.

Marinade aus Wein, Essig, Öl, Salz und Pfeffer bereiten, die Zwiebelwürfel unterziehen.

Den Käse in eine flache Schale geben, nach Belieben mit Kümmel bestreuen und mit der Marinade übergießen.

Das Brot dazu reichen.

Fertig in ca. 5 Minuten.

Tipp: Schmeckt noch besser, wenn man ihn bei Raumtemperatur noch durchziehen lässt.

1 Portion enthält ca.: 449 kcal · 6 g Fett · 25 g Kohlenhydrate · 64 g Eiweiß · 5 g Ballaststoffe · 4 mg Cholesterin

Meraner Vinschgerl M

Zutaten für 1 Portion:

1	Vinschgauer Brötchen 100 g	1-2 EL	geriebener Meerrettich aus dem Glas (Kühltheke)
1 EL	Tomatenketchup		Kümmelpulver nach
70 g	Kasseler Braten (Kühltheke) in Scheiben		Geschmack
200 g	Weißkohlsalat max. 3,8% Fett (Feinkost Kühltheke)		

Das Vinschgauer Brötchen halbieren und die Schnitt-flächen mit Ketchup bestreichen.

Das Brötchen mit den Kasseler Scheiben und der Hälfte des Krautsalates belegen, den Meerrettich und nach Belieben etwas Kümmelpulver darüberstreuen und die obere Hälfte darauf legen.

Den restlichen Krautsalat dazu essen.

Fertig in ca. 5 Minuten.

1 Portion enthält ca.: 420 kcal · 11 g Fett · 55 g Kohlenhydrate · 25 g Eiweiß · 13 g Ballaststoffe · 35 mg Cholesterin

Frischkäse mit Ei M V

Das Ei schälen, hacken und in eine Schüssel geben. Die Lauchzwiebel waschen und in Ringe schneiden.

Ei, Frühlingszwiebel und Frischkäse vermischen und mit Salz und Pfeffer abschmecken. Das Knäckebrot und die Tomaten dazu reichen.

Tipp: Zum Mitnehmen das Knäckebrot extra verpacken.

Fertig in ca. 5 Minuten.

Zutaten für 1 Portion:

1	hartgekochtes Ei
200 g	körniger Frischkäse 4% Fett absolut
1	Frühlingszwiebel
100 g	Cherrytomaten
	Salz, Pfeffer
40 g	Vollkorn-Knäckebrot

1 Portion enthält ca.: 433 kcal · 14 g Fett · 37 g Kohlenhydrate · 36 g Eiweiß · 7 g Ballaststoffe · 240 mg Cholesterin

Brot mit Hähnchenbrust und Orangenfrischkäse

Zutaten für 1 Portion:

50 g	Vollkornbrot
200 g	körniger Frischkäse 4% Fett abs.
50 g	gegrillte Hähnchenbrust (Kühlregal)
1	Orange frisch gemahlener Pfeffer

Von der Orange die Schale mit dem Messer abschneiden, so dass auch die weiße Haut entfernt ist, dann filetieren.

Das Brot mit einem Teil des Käses bestreichen, darauf abwechselnd die Hähnchenbrustscheiben und Orangenfilets anrichten. Mit frisch gemahlenem Pfeffer bestreuen.

Restliche Orangenfilets etwas kleinschneiden, unter den verbliebenen Frischkäse mischen und zum Brot reichen.

Fertig in ca. 10 Minuten.

1 Portion enthält ca.: 420 kcal · 10 g Fett · 38 g Kohlenhydrate · 42 g Eiweiß · 7 g Ballaststoffe · 56 mg Cholesterin

Bio Balance Müsli Pfirsichtraum M V

Zutaten für 1 Portion:

60 g	Leichter leben in Deutschland Bio Balance Müsli	3	Weinbergpfirsiche oder 1 Pfirsich
100 ml	Milch 1,5%	10 g	Haselnüsse
125 g	Naturjoghurt 1,5%		

Bio Balance Müsli mit der Milch verrühren und etwas ziehen lassen.

Die Haselnüsse in einer Pfanne ohne Fettzugabe anrösten, dann grob hacken.

Die Pfirsiche waschen und in kleine Stücke schneiden.

Das angesetzte Bio Balance Müsli abwechselnd mit dem Joghurt und den Pfirsichen in eine Schale füllen und mit den Haselnüssen bestreuen.

Fertig in ca. 10 Minuten.

1 Portion enthält ca.: 441 kcal · 14 g Fett · 61 g Kohlenhydrate · 17 g Eiweiß · 8 g Ballaststoffe · 9 mg Cholesterin

Porridge mit Banane und Heidelbeeren M V

Das Leichter leben Bio Balance Müsli mit der Milch und einer Prise Salz in einen Topf geben und unter Rühren aufkochen. Hitze reduzieren und noch etwas weiter köcheln lassen, bis eine weiche Konsistenz entstanden ist, dann vom Herd nehmen.

Heidelbeeren verlesen und waschen, Banane schälen und in Scheiben schneiden.

Obst und Porridge leicht mischen und alles in einen tiefen Teller umfüllen. Mit gemahlenem Zimt nach Geschmack bestreuen.

Schmeckt warm und kalt und kann auch gut mitgenommen werden.

Fertig in ca. 10 Minuten.

Zutaten für 1 Portion:

40 g	Leichter leben in Deutschland Bio Balance Müsli
200 ml	Milch 1 5%
1 Prise	Salz
1	Banane
100 g	Heidelbeeren
etwas	Zimt

Heidelbeeren sind kleine Vitaminbomben!

1 Portion enthält ca.: 404 kcal · 6 g Fett · 70 g Kohlenhydrate · 13 g Eiweiß · 11 g Ballaststoffe · 8 mg Cholesterin

Zutaten für 1 Portion:

1	Apfel
5 g	Butter
1 TL	Zimt
2 EL	Wasser
200 g	körniger Frischkäse
	4% Fett absolut
50 g	Vollkornschrotbrot

Bratapfelspalten mit körnigem Frischkäse Ⓜ Ⓥ

Den Apfel waschen, teilen, entkernen und in Spalten schneiden.

5 g Butter in einer beschichteten Pfanne erhitzen und die Apfelspalten darin etwa 5 Minuten anbraten und mit Zimt bestreuen, dann mit ca. 2 EL Wasser ablöschen, kurz einköcheln lassen.

Den Frischkäse auf einen Teller geben, die Apfelspalten dazu anrichten und das Brot dazu reichen.

Tipp: Schmeckt auch kalt und kann sehr gut mitgenommen werden. Dazu Frischkäse zusammen mit den Apfelspalten in ein passendes Mitnahmegefäß geben, Brot separat packen.

Fertig in ca. 10 Minuten.

1 Portion enthält ca.: 386 kcal · 11 g Fett · 40 g Kohlenhydrate · 31 g Eiweiß · 6 g Ballaststoffe · 31 mg Cholesterin

Gnocchi Pfanne mit Zucchini und Thunfisch

Zutaten für 1 Portion:

250 g	vorgekochte Gnocchi aus dem Kühlregal	20 g	saure Sahne
		ca. 50 ml	 Würzer Brühe
150 g	kleine Zucchini	5	Stängel Basilikum
10 g	Butter		
1	kleine Dose Thunfisch ohne Öl (56 g Abtropfgewicht)		Salz, Pfeffer

Zucchini waschen und schräg in feine Scheiben schneiden, Thunfisch abgießen, Basilikum in Streifen schneiden.

Butter in einer beschichteten Pfanne erhitzen und darin die Gnocchi und Zucchinistreifen etwa 5 Minuten anbraten.

Thunfisch, saure Sahne, Brühe und reichlich Basilikumstreifen zugeben, durchrühren und heiß werden lassen.

Mit Salz und Pfeffer abschmecken und sofort servieren.

Fertig in ca. 10 Minuten.

1 Portion enthält ca.: 599 kcal · 13 g Fett · 90 g Kohlenhydrate · 28 g Eiweiß · 6 g Ballaststoffe · 102 mg Cholesterin

Wrap Birne-Blue Cheese-Schinken

Zutaten für 1 Portion:

1	Wrap oder Tortilla ca. 65 g	50 g	Kochschinken ohne Fettrand
20 g	Gorgonzola	1	kleine Birne
30 g	Naturjoghurt 1,5% Fett	etwas	Zitronensaft
einige	Blätter Eissalat		Salz, Pfeffer

Salatblätter vorbereiten, waschen und trocken schütteln.

Gorgonzola etwas zerdrücken und mit dem Joghurt verrühren, salzen und pfeffern. Die Birne grob raspeln und mit etwas Zitronensaft beträufeln, damit sie nicht braun wird.

Den Wrap aus der Packung nehmen und nach Anweisung erwärmen, z.B. in der Mikrowelle. Dann mit dem Gorgonzolajoghurt bestreichen.

Darauf die Salatblätter und den Schinken legen und zum Schluss die Birnenraspeln. Wrap einrollen und bald verzehren, da er durch die Birne sehr saftig wird.

Fertig in ca. 10 Minuten.

1 Portion enthält ca.: 413 kcal · 14 g Fett · 49 g Kohlenhydrate · 23 g Eiweiß · 4 g Ballaststoffe · 49 mg Cholesterin

Pita mit Garnelen und Tomate in Cocktailsoße

Zutaten für 1 Portion:

1	Pita zum Toasten ca. 70 g, ersatzweise 70 g Vollkorntoast	½ TL	Cognac
		1-2 TL	Limettensaft Salz, schwarzer Pfeffer frisch gemahlen, Dillspitzen
100 g	gekochte Garnelen (Fertigprodukt aus dem Kühlregal)		
1	Fleischtomate 150 g	150 g	Eisbergsalat oder anderer Blattsalat glatte Petersilie
30 g	Salatcreme 25% Fett		
15 g	Tomatenketchup		

Garnelen aus der Packung nehmen, abspülen und gut abtropfen lassen.

Salat waschen, trocken schleudern und in Streifen schneiden. Tomate waschen und grob würfeln.

Aus der Salatcreme, Ketchup, Cognac, Limettensaft, Salz, Pfeffer und ein paar Dillspitzen die Cocktailsoße herstellen und die Garnelen und Tomatenstücke untermischen.

Die Eissalatstreifen und die abgezupften Petersilienblättchen auf einen Teller geben, das Pita nach Packungsanweisung toasten und mit dem Garnelencocktail und einigen Salatstreifen füllen und anrichten.

Fertig in ca. 10 Minuten.

1 Portion enthält ca.: 425 kcal · 10 g Fett · 52 g Kohlenhydrate · 27 g Eiweiß · 6 g Ballaststoffe · 176 mg Cholesterin

Wrap Thunfisch-Karotte M

Zutaten für 1 Portion:

1	Tortilla Wrap ca. 65 g	1	Tomate
1	kleine Dose Thunfisch ohne Öl (56 g Abtropfgewicht)	einige	Blätter Eissalat
			Salz, Pfeffer
50 g	Karotte		
50 g	Sour Cream 10% natur oder mit Kräutern		

Thunfisch abtropfen lassen, in eine Schüssel geben und mit einer Gabel zerpflücken. Karotte fein raspeln und mit dem Thunfisch und der Hälfte der Sour Cream vermischen, mit Salz und Pfeffer würzen.

Salatblätter vorbereiten, waschen und trocken schütteln. Tomate waschen und in dünne Scheiben schneiden.

Wrap nach Anweisung kurz erwärmen, z.B. in der Mikrowelle, mit der restlichen Sour Cream bestreichen und mit den Tomatenscheiben und Salatblättern belegen. Die Thunfisch-Karotten-Mischung darauf geben, Wrap seitlich einschlagen und aufrollen.

Fest in Frischhaltefolie gewickelt kann dieser Wrap auch sehr gut mitgenommen werden.

Fertig in ca. 10 Minuten.

1 Portion enthält ca.: 370 kcal · 11 g Fett · 43 g Kohlenhydrate · 23 g Eiweiß · 4 g Ballaststoffe · 43 mg Cholesterin

Matjesbrötchen

Das Hafertoastbrötchen nach Packungs- anweisung im Toaster rösten und dann halbieren.

Matjesfilet gut abspülen und trocken tupfen, so wird überschüssiges Fett und Salz entfernt.

Schnittlauch und Schmand verrühren. Rote Bete abgießen und abtropfen lassen. Salat waschen und trocken schütteln.

Das Brötchen mit Salat, Matjes, der Hälfte vom Schmand und einigen Rote Bete Scheiben belegen. Den restlichen Schmand auf der Deckelunterseite vom Brötchen verteilen und zusammenklappen.

Übrige Rote Bete zusammen mit dem Matjesbrötchen verzehren.

Fertig in ca. 10 Minuten.

Zutaten für **1** Portion:

1	Matjesfilet 50 g
1	Vollkorn Hafertoast- brötchen 65 g oder 2 Scheiben Vollkorntoast
20 g	Schmand
2 EL	Schnittlauchröllchen
240 g	Rote Bete aus dem Glas (Abtropfgewicht)
1	Hand voll Rucola oder anderer Blattsalat

1 Portion enthält ca.: 405 kcal · 16 g Fett · 45 g Kohlenhydrate · 13 g Eiweiß · 13 g Ballaststoffe · 82 mg Cholesterin

Pita mit Mais-Gurkensalat und Pfefferschinken

Zutaten für 1 Portion:

1	Pita zum Toasten ca. 70 g, ersatzweise Vollkorntoast 70 g		Salz, Pfeffer
1	kleine Dose Mais, 140 g Abtropfgewicht	40 g	Pfefferschinken oder Kochschinken
150 g	Salatgurke	50 g	Sour Cream 10% Fett oder saure Sahne 10%
1 TL	weißer Balsamicoessig	50 g	Blattsalat nach Wahl, z.B. Romanasalat
3 EL	glatte Petersilie, grob gehackt		

Für den Salat die Maiskörner abgießen und abtropfen lassen, die Gurke schälen, entkernen und in Würfel schneiden. In einer Schüssel mischen und mit Essig, Salz, Pfeffer und der Petersilie zum Salat anmachen.

Pita nach Packungsanweisung toasten und mit einigen Salatblättern, dem Schinken, etwas Mais-Gurkensalat und der Sour Cream füllen. Restlichen Salat dazu reichen.

Fertig in ca. 10 Minuten.

1 Portion enthält ca.: 425 kcal · 9 g Fett · 62 g Kohlenhydrate · 22 g Eiweiß · 9 g Ballaststoffe · 35 mg Cholesterin

Zutaten für 1 Portion:

½	Galia oder Cantaloupe Melone
75 g	Mozzarellakugeln light 8,5%
1 TL	Öl
etwas	Salz
	frisch gemahlener Pfeffer
einige	Basilikumblättchen
1 EL	Zitronensaft
80 g	Vollkornbrot
50 g	Kochschinken

Melonensalat mit Mozzarella und Schinkenbrot M

Halbierte Melone entkernen, dann das Fruchtfleisch mit dem Melonenausstecher aushöhlen. Ersatzweise Melone schälen und das Fruchtfleisch in Würfel schneiden.

Mozzarellakugeln abtropfen lassen, mit den Melonenkugeln mischen und mit etwas Salz, Pfeffer, Zitronensaft und 1 TL Öl zum Salat anmachen.

Basilikumblättchen waschen, trocken schütteln und in feine Streifen schneiden, zum Salat geben. Das Vollkornbrot mit dem Schinken belegen und zum Melonensalat anrichten.

Kann sehr gut mitgenommen werden, dazu das Schinkenbrot extra verpacken und Salat und Schinkenbrot kühl aufbewahren.

Fertig in ca. 10 Minuten.

1 Portion enthält ca.: 451 kcal · 14 g Fett · 45 g Kohlenhydrate · 35 g Eiweiß · 7 g Ballaststoffe · 42 mg Cholesterin

Salat mit Fenchel und Camembert

Zutaten für 1 Portion:

100 g	Blattsalat, z.B. Romanasalat		1 TL	Öl
1	kleine Fenchelknolle		1 EL	Essig
1	Kiwi		1 Msp.	Senf
80 g	Camembert 14% Fett absolut		1-2 TL	Gartenkräuter, frisch oder TK
				Salz, Pfeffer
10 g	Walnüsse oder Haselnüsse		30 g	Knäckebrot

Salat waschen, trocken schütteln und in mundgerechte Stücke rupfen. Fenchel putzen und in Scheiben hobeln, vorher Strunk entfernen. Kiwi schälen und in Scheiben schneiden. Nüsse grob hacken. Camembert in Scheiben schneiden.

Für das Dressing Öl, Essig, Senf, gehackte Kräuter, Salz und Pfeffer verrühren.

Alle Zutaten auf einem Teller anrichten, Nüsse darüber streuen und alles mit dem Dressing beträufeln. Das Knäckebrot dazu reichen.

Fertig in ca. 10 Minuten.

1 Portion enthält ca.: 446 kcal · 23 g Fett · 30 g Kohlenhydrate · 28 g Eiweiß · 11 g Ballaststoffe · 29 mg Cholesterin

Tortelli-Salat M V

Zutaten für 1 Portion:

150 g	Tortelli, z.B. mit Ziegenkäse-Honig-Füllung (Kühlregal)	1	Frühlingszwiebel
1 TL	Öl	1-2 EL	Weißweinessig
1	Tomate	2 EL	Wasser
100 g	Salatmischung, z.B. Feldsalat, Frisee (Kühlregal)		Salz und Pfeffer
		1 Prise	Zucker
		1 TL	Kräutermischung TK oder frisch

Die Tortelli in Salzwasser nach Packungsanweisung garen, abgießen und sofort mit 1 TL Öl vermischen.

Salatmischung waschen, trockenschleudern und auf einem Teller anrichten. Die Tomate waschen und in Scheiben schneiden.

Für das Dressing die Frühlingszwiebel in feine Ringe schneiden und mit den Kräutern und den übrigen Zutaten vermischen.

Tortelli und Tomatenscheiben auf dem Salat anrichten und mit dem Dressing beträufeln.

Fertig in ca. 10 Minuten.

1 Portion enthält ca.: 435 kcal · 19 g Fett · 43 g Kohlenhydrate · 17 g Eiweiß · 7 g Ballaststoffe · 20 mg Cholesterin

Blitzpizza

Zutaten für 1 Portion:

1	Wrap oder Tortilla ca. 65 g	40 g	Reibekäse 30% F.i.Tr.
2 EL	Tomatenmark		Salz
70 g	Kochschinken ohne Fettrand		Oreganoblättchen
250 g	Tomaten		Pizzagewürz

Ofen auf 200°C Grill anschalten.

Tomaten waschen und in Scheiben schneiden.

Wrap aus der Packung nehmen und auf ein Blech legen. Mit dem Tomatenmark bestreichen, dann mit dem Schinken belegen, darauf die Tomatenscheiben legen und alles leicht salzen und mit Oregano und Pizzagewürz großzügig würzen.

Den geriebenen Käse darüber streuen und auf der oberen Schiene unter dem Grill 5-7 Minuten überbacken, bis der Käse geschmolzen und leicht gebräunt ist.

Fertig in ca. 10 Minuten.

Schmeckt traumhaft italienisch

1 Portion enthält ca.: 454 kcal · 15 g Fett · 43 g Kohlenhydrate · 34 g Eiweiß · 5 g Ballaststoffe · 52 mg Cholesterin

Schinkenspätzle

Zwiebel schälen und fein hacken, Zucchini waschen und in Stifte hobeln.

Die Butter in einer beschichteten Pfanne erhitzen, Zwiebel- und Schinkenwürfel darin andünsten.

Zucchinistifte und die vorgegarten Spätzle zugeben und mitbraten.

Das Ei verquirlen und mit Salz und Pfeffer würzen, in die Pfanne geben, stocken lassen und alles nochmal gut durchbraten.

Mit den Schnittlauchröllchen bestreuen und sofort servieren.

Fertig in ca. 10 Minuten.

Tipp: Kann auch als Schinkennudeln mit 150 g gegarten Nudeln vom Vortag zubereitet werden.

Zutaten für 1 Portion:

150 g	Eierspätzle für die Pfanne aus dem Kühlregal
5 g	Butter
1	kleine Zwiebel
1	kleine Zucchini
50 g	Schinkenwürfel 2% Fett
1	Ei
	Salz, Pfeffer
	Schnittlauchröllchen

1 Portion enthält ca.: 392 kcal · 12 g Fett · 42 g Kohlenhydrate · 28 g Eiweiß · 3 g Ballaststoffe · 322 mg Cholesterin

Zutaten für 4 Portionen:

12	Vollkorntoastscheiben
4 EL	Salatcreme light 25% Fett
300 g	geräucherte Putenbrust
4	dünne Scheiben Parmaschinken
4	Eier
1 TL	Olivenöl
150 g	Mozzarella light 8,5%
1	Fleischtomate
1	Avocado
1 Kopf	Romana Salat

Pfeffer aus der Mühle

Fertig in ca. 15 Minuten.

Clubsandwich mit Truthahnbrust M

Eier in einer beschichteten Pfanne mit ein paar Tropfen Öl zu Spiegeleiern braten, wer mag kann die Eier auch beidseitig durchbraten, pfeffern.

Tomate, Avocado und Mozzarella in Scheiben schneiden. Truthahnbrust in dünne Scheiben schneiden. Toastscheiben knusprig toasten und alle leicht mit der Salatcreme bestreichen.

Die ersten vier Toastscheiben mit Salat, Tomate, Mozzarella und Parmaschinken gleichmäßig belegen, mit den nächsten vier Toastscheiben belegen, Salatcremeschicht nach oben, auf diese dann das Spiegelei, Putenbrust und Avocado verteilen, dann jedes Sandwich mit den verbliebenen Toastscheiben, Salatcreme nach unten, zudecken, vorsichtig andrücken.

Jedes Sandwich mit kleinen Holzstäbchen fixieren und mit einem scharfen Messer diagonal durchschneiden. In Frischhaltefolie gepackt kann man das Clubsandwich auch sehr gut mitnehmen.

1 Portion enthält ca.: 598 kcal · 26 g Fett · 45 g Kohlenhydrate · 46 g Eiweiß · 9 g Ballaststoffe · 175 mg Cholesterin

Tunatatar T

Zutaten für 4 Portionen:

400 g	frisches Thunfischfilet	1 Kopf	Blattsalat z.B.
2	frische Eigelb		Römersalat
¼ - ½	Limette (Saft)	200 g	Vollkorntoast
1	kleine Zwiebel		Pfeffer aus der Mühle
1 EL	grober Senf		
3	Tropfen Tabasco		
½ Bund	Schnittlauch		
40 g	Riesenkapern		

Tuna fein schneiden, nicht hacken.

Zwiebel und Schnittlauch fein schneiden.

Tunatatar mit den Zwiebeln, Schnittlauch, Eigelb, Limettensaft, Senf und dem Tabasco mischen, ein wenig pfeffern, je nach Belieben nachwürzen.

Gewaschene Salatlätter mit den Brotscheiben auf vier Tellern abwechslungsweise, fächerförmig anrichten. Tunatatar portionsweise mit Hilfe eines Rings auf dem Fächerzentrum anrichten, mit Kapern dekorieren.

Fertig in ca. 15 Minuten.

Tipp: Anstatt Tuna geht natürlich zum Beispiel auch geräucherter Lachs.

1 Portion enthält ca.: 405 kcal · 21 g Fett · 24 g Kohlenhycrate · 29 g Eiweiß · 5 g Ballaststoffe · 210 mg Cholesterin

Mie Nudelsalat mit Garnelen und gehacktem Schweinefleisch [M]

Tomaten halbieren, entkernen und in Längsstreifen schneiden. Gurke schälen, längs vierteln, entkernen und scheibeln. Zwiebel schälen, halbieren und längs in Streifen schneiden. Chili entkernen und längs vierteln.

In einer Schüssel Zucker, Limettensaft, Fischsauce und Chilistreifen mischen.

Brühe aufkochen und darin zuerst die Garnelen, dann das Fleisch pochieren und mit einem Schaumlöffel herausheben. Brühe für die Nudeln weiterverwenden.

Die heißen Garnelen und das Fleisch in das Dressing geben, danach Gurkenscheiben und Tomatenstreifen unterheben.

Brühe nochmal aufkochen und die Nudeln nach Packungsbeilage hineingeben und ziehen lassen bis sie al dente sind, etwa 3-4 Minuten. Abschütten und heiß unter den Salat geben. Abschmecken mit Salz und Pfeffer.

Der Salat kann auch sehr gut mitgenommen werden.

Fertig in ca. 15 Minuten.

Zutaten für 4 Portionen:

200 g	Mie Eiernudeln
500 ml	leichte Würzer Brühe oder Hühnerbrühe
100 g	frisches Schweinehackfleisch, mager
100 g	geschälte Garnelen (Partygarnelen, Kühlregal)
1	Zwiebel
1	Gurke ca. 400 g
2	Tomaten
4 EL	Limettensaft
2 TL	Zucker
2	Chilischoten
2 EL	Fischsauce

Salz, Pfeffer aus der Mühle

Eine köstliche und schnelle Nudelsalatvariante.

1 Portion enthält ca.: 328 kcal · 8 g Fett · 45 g Kohlenhydrate · 17 g Eiweiß · 4 g Ballaststoffe · 102 mg Cholesterin

Hähnchen Sandwich Ⓜ

Hähnchenbrust waschen, trockentupfen und flach in dünne Schnitzelchen schneiden. Mit Salz und Pfeffer würzen und im erhitzten Öl in einer beschichteten Pfanne knusprig braun braten.

Tomate waschen und in Scheiben schneiden, Rucola waschen und trocken schütteln.

Kapern fein hacken und unter die Salatcreme rühren.

Den Toast im Toaster rösten und beide Scheiben mit der Salatcreme bestreichen. Eine Scheibe abwechselnd mit Rucola, Hähnchenschnitzel und Tomatenscheiben belegen und obenauf die zweite Toastscheibe legen.

Schmeckt lauwarm und kalt und kann gut mitgenommen werden.

Fertig in ca. 15 Minuten.

Zutaten für 1 Portion:

150 g	Hähnchenbrustfilet
1 TL	Öl zum Braten
1	Tomate
1 Hand	voll Rucola
30 g	Salatcreme 25% Fett
1 TL	Kapern
2	Scheiben Vollkorn-Sandwich-Toast je 37 g
	Salz, Pfeffer

1 Portion enthält ca.: 480 kcal · 17 g Fett · 38 g Kohlenhydrate · 43 g Eiweiß · 7 g Ballaststoffe · 103 mg Cholesterin

Spaghetti mit Garnelen-Puttanesca

Zutaten für 1 Portion:

60 g	Vollkornspaghetti	1 Msp.	Chiliflocken
1 TL	Öl		Salz, Cayennepfeffer
100 g	Partygarnelen	½ TL	Würzer Pulver
	(Kühlregal)	10 g	entsteinte grüne Oliven
1	Schalotte	1 EL	Kapern
1	Knoblauchzehe	1 EL	gehackte Petersilie
1 TL	Tomatenmark	einige	Basilikumblättchen
200 g	stückige Tomaten		
	(kleine Dose)		

Spaghetti nach Packungsanweisung garen, abgießen und warm stellen.

Während die Nudeln garen, Schalotte und Knoblauch schälen und fein hacken. Garnelen abspülen und abtropfen lassen.

1 TL Öl erhitzen und darin Schalotte und Knoblauch glasig anbraten. Tomatenmark, Garnelen und die Gewürze zugeben und kurz mitbraten, dann mit den Tomaten aufgießen.

Oliven und Kapern zugeben und kurz köcheln lassen, zum Schluss Basilikum und Petersilie beigeben und die Soße mit den Spaghetti anrichten.

Fertig in ca. 15 Minuten.

1 Portion enthält ca.: 379 kcal · 9 g Fett · 44 g Kohlenhydrate · 28 g Eiweiß · 10 g Ballaststoffe · 169 mg Cholesterin

Zutaten für 1 Portion:

50 g	Schmetterlingsnudeln
1	kleine Dose Mandarinen ohne Zuckerzusatz (175 g Abtropfgewicht)
10 g	Schnittkäse
100 g	große Partygarnelen (Kühlregal)
1	Schalotte oder kleine Zwiebel
1	Knoblauchzehe
50 g	Stangensellerie
5 g	Butter
1 EL	fettreduzierte Kochsahne 7%
125 g	Naturjoghurt 1,5%
1 EL	heller Balsamico oder Weinessig
	Salz, Pfeffer
½-1 TL	Currypulver
2 EL	gehackte Petersilie

Schmeckt lauwarm und kalt und kann sehr gut mitgenommen werden.

Nudelsalat mit Garnelen und Mandarinen M

Die Mandarinen abtropfen lassen und in eine Schüssel geben. Käse in kleine Würfelchen schneiden und zu den Mandarinen geben.

Nudeln in Salzwasser nach Packungsanweisung garen, abtropfen lassen und zu den Mandarinen geben.

Schalotte und Knoblauch fein hacken, Sellerie in feine Scheibchen schneiden. Garnelen abspülen und abtropfen lassen.

Butter in einer beschichteten Pfanne erhitzen und darin Schalotte und Knoblauch anschwitzen. Selleriescheibchen und Garnelen zugeben und kurz mitbraten. Mit der Kochsahne ablöschen und von Herd nehmen.

Joghurt, Essig, Gewürze und die gebratene Garnelenmischung zu den Nudeln geben, durchmischen und servieren.

Fertig in ca. 15 Minuten.

1 Portion enthält ca.: 520 kcal · 12 g Fett · 64 g Kohlenhydrate · 34 g Eiweiß · 7 g Ballaststoffe · 158 mg Cholesterin

Fruchtiger Lauchsalat M V

Zutaten für 1 Portion:

125 g	Naturjoghurt 1,5%		10 g	Walnüsse
1 EL	Zitronensaft		60 g	Vollkorntoast
	Salz, Pfeffer			oder –brötchen
1	Apfel			
100 g	Lauch (weißer Anteil)			
100 g	Weintrauben			

Joghurt mit dem Zitronensaft in einer Schüssel verrühren. Mit Salz und Pfeffer würzen.

Apfel vierteln, entkernen, schälen und in feine Schnitze schneiden. Apfelschnitze gleich unter den Joghurt
rühren. Lauch in sehr feine Ringe hobeln, in ein Sieb
geben, waschen, gut abtropfen und dann zum Joghurt
geben.

Trauben halbieren, bei Bedarf entkernen und zum
Salat geben. Nüsse grob hacken und über den Salat
streuen. Toast rösten und dazu reichen.

Fertig in ca. 15 Minuten.

Tipp: der Salat schmeckt am besten, wenn er etwas
durchgezogen ist und eignet sich sehr gut zum Mitnehmen.

1 Portion enthält ca.: 468 kcal · 12 g Fett · 72 g Kohlenhydrate · 15 g Eiweiß · 11 g Ballaststoffe · 7 mg Cholesterin

Tortelloni mit Zucchini-Gorgonzola-Soße Ⓜ

Tortelloni nach Packungsanweisung garen.

Zwischenzeitlich Schalotte hacken, Zucchini in Streifen hobeln, Salbeiblätter in Streifen schneiden.

Butter erhitzen und darin die Schalotte und Zucchinistreifen andünsten, mit der Sahne und der Brühe aufgießen, Salbei zugeben, mit Salz und reichlich Pfeffer würzen und köcheln lassen bis die Tortelloni fertig sind.

Tortelloni abgießen und mit der Soße vermengt sofort servieren.

Tipp: Kann gut im Voraus zum Mitnehmen zubereitet werden, da sich das Gericht sehr gut aufwärmen lässt.

Fertig in ca. 15 Minuten.

Zutaten für 1 Portion:

125 g	Tortelloni mit Schinkenfüllung (Kühlregal)
10 g	Butter
1	Schalotte
150 g	Zucchini
50 ml	fettreduzierte Kochsahne 7%
50-100 ml	leichte Leichter Leben® Würzer Brühe
2-3	Salbeiblättchen Salz, Pfeffer

1 Portion enthält ca.: 553 kcal · 22 g Fett · 67 g Kohlenhydrate · 21 g Eiweiß · 5 g Ballaststoffe · 126 mg Cholesterin

Nudeln mit Schinken-Sahne-Soße

Zutaten für 4 Portionen:

250 g	Bandnudeln	175 g	Frischkäse 12% Fett abs.
200 g	Lauchringe	100 ml	fettreduzierte
200 g	Zucchini		Kochsahne 7%
200 g	Kochschinken		Salz, Pfeffer
1 EL	Öl		

Nudeln nach Packungsanweisung garen.

Lauch waschen und in feine Ringe schneiden, Zucchini vierteln und in Scheibchen schneiden, Schinken in Streifen schneiden, sichtbares Fett vorher entfernen.

Lauch und Zucchini im erhitzten Öl andünsten und etwa 5 Minuten garen, dann den Schinken zugeben und kurz mitbraten.

Den Frischkäse und die Kochsahne zugeben und alles mit Salz und Pfeffer würzen. Die Soße bei Bedarf mit etwas Kochwasser von den Nudeln verdünnen.

Nudeln mit der Soße vermischen und sofort servieren.

Fertig in ca. 15 Minuten.

1 Portion enthält ca.: 420 kcal · 13 g Fett · 50 g Kohlenhydrate · 24 g Eiweiß · 5 g Ballaststoffe · 51 mg Cholesterin

Zitronenspargel
mit Schweinefiletstreifen

Grünen Spargel waschen, im unteren Drittel schälen, eventuell holzige Stücke entfernen, in mundgerechte schräge Stücke schneiden.

Fleisch waschen, trockentupfen und in etwas breitere Streifen schneiden.

Von der Zitrone mit dem Zestenzieher dünne Schalenstreifen abziehen (alternativ Zitrone dünn schälen, ohne weiße Haut und mit dem Messer in Streifen schneiden) und ca. 2-3 EL Saft auspressen.

Öl in einer beschichteten Pfanne erhitzen und die Fleischstreifen darin anbräunen, Spargel zugeben und ca. 5 Minuten mitbraten. Zitronensaft und Sojasoße zugeben und noch kurz unter Rühren weiterbraten. Mit frisch gemahlenem Pfeffer würzen, eine Salzzugabe ist meist nicht erforderlich, da die Sojasoße schon ausreichend Salz mit sich bringt. Die Zitronenzesten darüber streuen und mit dem Brot anrichten.

Fertig in ca. 15 Minuten.

Zutaten für 1 Portion:

125 g	Schweinefilet
250 g	Grünspargel
1 EL	Öl zum Braten
½	unbehandelte Zitrone (Schale und Saft)
1-2 EL	Sojasoße frisch gemahlener Pfeffer
60 g	Vollkornbaguette oder Vollkorntoast

1 Portion enthält ca.: 447 kcal · 16 g Fett · 34 g Kohlenhydrate · 40 g Eiweiß · 8 g Ballaststoffe · 69 mg Cholesterin

Blitz Flammkuchen

Ofen auf 200°C Grill vorheizen. Backblech mit Backpapier belegen.

Salat und Gemüse vorbereiten. Zwiebel schälen und in feine Ringe schneiden, Zucchini in dünne Scheiben schneiden, Salat waschen und trocken schleudern.

Tortilla mit der sauren Sahne bestreichen, mit Zucchinischeiben, Zwiebelringen und den Schinkennuggets belegen und nur leicht salzen. Übrige Zwiebel und Zucchini zum Salat geben.

Tortilla auf das vorbereitete Blech legen und auf der mittleren Schiene ca. 10 Minuten backen bzw. grillen.

Zwischenzeitlich den Salat anmachen und zum Flammkuchen reichen.

Fertig in ca. 15 Minuten.

Zutaten für 1 Portion:

1	Tortilla Fladen ca. 65 g
75 g	saure Sahne 10%
1	kleine Zwiebel
1	sehr kleine Zucchini
30 g	Schinkennuggets 2% Fett
etwas	Salz
100 g	gemischter Blattsalat
1 TL	Öl
1 EL	Essig
1 EL	Wasser
	Salz und Pfeffer

1 Portion enthält ca.: 406 kcal · 18 g Fett · 42 g Kohlenhydrate · 18 g Eiweiß · 4 g Ballaststoffe · 28 mg Cholesterin

Omelette Caprese

Die Eier verquirlen und mit Salz und Pfeffer würzen. Cocktailtomaten waschen und halbieren, Mozzarellabällchen halbieren. Bei Verwendung von „normalem" Light-Mozarella, diesen in Stückchen schneiden.

Butter in einer beschichteten Pfanne erhitzen und die Eimasse hineingießen. Die Tomaten und den Mozzarella zugeben und das Ganze mit Oregano und /oder Pizzagewürz bestreuen.

Temperatur reduzieren, Deckel auflegen und das Omelette in etwa 10 Minuten fertig garen. Mit Basilikum bestreuen und zusammen mit dem Brot servieren.

Fertig in ca. 15 Minuten.

Tipp: Schmeckt auch kalt sehr gut und lässt sich so auch gut mitnehmen.

Zutaten für 1 Portion:

2	Eier
5 g	Butter
100 g	Cocktailtomaten
40 g	Mini Mozzarellabällchen light 8,5%
	Salz, Pfeffer
	Oregano, Pizzagewürz
	Basilikumblättchen
50 g	Vollkornbrot

1 Portion enthält ca.: 369 kcal · 19 g Fett · 23 g Kohlenhydrate · 27 g Eiweiß · 5 g Ballaststoffe · 455 mg Cholesterin

Kabeljau mit Orangencouscous

Fisch waschen und trocken tupfen, mit 1 EL Zitronensaft beträufeln, salzen und pfeffern.

Schalotte fein hacken. Brokkoliröschen vorbereiten.

5 g Butter in einer beschichteten Pfanne erhitzen und
darin die Schalotte und den Fisch mild anschwitzen.
Orangenmarmelade, 1 EL Zitronensaft und etwas
Brühe zugeben und den Fisch darin fertig dünsten,
zwischendurch wenden.

Brokkoli in der Brühe bissfest garen und abgießen.

Für den Couscous das Wasser aufkochen, Orangenmarmelade, 1 EL Zitronensaft, Salz und Couscous
zugeben, vom Herd ziehen und nach Packungsanweisung gar ziehen lassen. Zum Schluss 2 g Butter und
die Brokkoliröschen unterheben.

Alles anrichten, mit der Soße beträufeln und frisch
gemahlenen Pfeffer darüber geben.

Fertig in ca. 15 Minuten.

Zutaten für 1 Portion:

150 g	Kabeljaurückenfilet oder anderes Fisch-filet Salz, Pfeffer	50 g	Couscous
		75 ml	Wasser
		1 TL	Orangenmarmelade
		etwas	Salz
5 g	Butter	2 g	Butter
1	Schalotte oder kleine Zwiebel		
		150 g	Brokkoliröschen
1 EL	Orangenmarmelade		Würzer Brühe
3 EL	Zitronensaft		zum Kochen

1 Portion enthält ca.: 476 kcal · 8 g Fett · 58 g Kohlenhydrate · 39 g Eiweiß · 8 g Ballaststoffe · 67 mg Cholesterin

Tortelloni auf Tomatenragout

Zwiebel fein hacken, Ingwer frisch reiben. Die Zwiebelwürfel in sehr wenig Öl in einem kleinen Topf glasig dünsten, geriebenen Ingwer zugeben und mit den Tomaten ablöschen. Mit Leichter leben Würzer Pulver abschmecken und köcheln lassen bis die Tortelloni fertig sind.

Salzwasser in einem passenden Topf zum Kochen bringen und die Tortelloni nach Packungsanweisung erhitzen.

Tortelloni abgießen und mit dem Tomatenragout anrichten, nach Belieben mit frischen Korianderblättchen oder Petersilie bestreuen.

Fertig in ca. 15 Minuten.

Zutaten für 1 Portion:

250 g	frische Tortelloni mit Rindfleischfüllung (aus der Kühltheke)
½ TL	ÖL
1	kleine Zwiebel
2-5 g	frisch geriebener Ingwer
200 g	stückige Tomaten aus der Dose
½-1 TL	Würzer Pulver frische Kräuter nach Belieben z.B. Petersilie oder Koriandergrün

1 Portion enthält ca.: 652 kcal · 20 g Fett · 88 g Kohlenhydrate · 28 g Eiweiß · 8 g Ballaststoffe · 173 mg Cholesterin

Nudeln mit Champignon-Gorgonzola-Soße  V

Zutaten für 1 Portion:

80 g	Nudeln nach Wahl	30 g	Gorgonzola
5 g	Butter	100 ml	Milch 1,5%
1	Schalotte		Pfeffer
115 g	Champignons Konserve, Abtropfgewicht	1 TL	Zitronensaft
1 EL	Sherry oder Weißwein		Petersilie zum Bestreuen

Nudeln nach Packungsanweisung garen.

Zwischenzeitlich Schalotte fein hacken und die Champignons abgießen.

Butter erhitzen und die Schalottenwürfel und die Champignons darin anbraten, mit dem Sherry ablöschen, Milch und den Gorgonzola zugeben. Die Soße aufkochen lassen und mit Pfeffer und Zitronensaft abschmecken.

Die gegarten Nudeln mit der Soße mischen, sofort anrichten und mit der Petersilie bestreuen.

Fertig in ca. 15 Minuten

1 Portion enthält ca.: 520 kcal · 17 g Fett · 63 g Kohlenhydrate · 25 g Eiweiß · 7 g Ballaststoffe · 40 mg Cholesterin

Würstelgulasch

Zutaten für 1 Portion:

60 g	Vollkornnudeln		2 EL	fettreduzierte
100 g	fettreduzierte Wiener			Kochsahne 7%
	15-17% Fett			Salz, Pfeffer
1	kleinere Paprika-			Paprikapulver rosen-
	schote rot			scharf
80 g	Zwiebel		1 EL	gehackte Petersilie
1 TL	Öl			
200 g	Tomaten stückig,			
	Konserve			

Nudeln in Salzwasser nach Packungsanweisung garen.

Zwiebel und Paprika in kleine Würfel schneiden,
Würstchen in Scheibchen und alles im erhitzten Öl
anbraten.

Paprikapulver zugeben und kurz mitrösten, dann mit
den Tomaten ablöschen und die Sahne zugießen. Mit
Salz und reichlich Pfeffer abschmecken.
Köcheln lassen bis die Nudeln fertig sind und bei Bedarf
noch etwas Wasser zugeben.

Würstelgulasch mit den Vollkornnudeln anrichten und
mit reichlich Petersilie bestreuen.

Fertig in ca. 15 Minuten.

1 Portion enthält ca.: 509 kcal · 23 g Fett · 49 g Kohlenhydrate · 25 g Eiweiß · 12 g Ballaststoffe · 69 mg Cholesterin

Erbsensuppe mit Wiener Würstchen

Die Brühe zum Kochen bringen und die TK-Erbsen zugeben. 10 Minuten köcheln lassen, dann mit dem Mixstab pürieren. Das TK-Suppengrün zugeben und mit Salz und Pfeffer abschmecken.

Das Würstchen in Scheiben schneiden und in der Suppe warm werden lassen.

Für die Croutons das Toastbrot in Würfel schneiden und in einer beschichteten Pfanne in der Butter knusprig rösten.

Die Suppe in einen Teller geben, die Croutons darüber streuen und sofort servieren.

Fertig in ca. 15 Minuten.

Zutaten für 1 Portion:

250 g	Erbsen, TK
300 ml	Würzer Brühe
	Salz, Pfeffer
1 EL	Suppengrün, TK
1	Wiener Würstchen, 50 g
1	Scheibe Vollkorntoast, 30 g
5 g	Butter

1 Portion enthält ca.: 470 kcal · 19 g Fett · 47 g Kohlenhydrate · 28 g Eiweiß · 16 g Ballaststoffe · 43 mg Cholesterin

Schmeckt lauwarm und kalt und kann sehr gut mitgenommen werden.

Couscous-Puten-Pfanne M

Zutaten für 1 Portion:

100 g	Putenschnitzel
2 TL	Öl
½	gelbe Paprikaschote
½	rote Paprikaschote
2	Frühlingszwiebeln
20 g	schwarze Oliven ohne Kern
1-2 EL	Limettensaft
2 EL	Pfefferminze gehackt
2 EL	Petersilie gehackt
60 g	Couscous

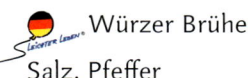 Würzer Brühe
Salz, Pfeffer

Fleisch waschen, trocken tupfen und in Streifen schneiden.

Paprikaschoten entkernen und mit dem Sparschäler schälen, dann in kleine Würfel schneiden. Oliven und Frühlingszwiebeln in Ringe schneiden.

Couscous nach Packungsanweisung in leichter Würzer Brühe garen.

1 TL Öl in einer beschichteten Pfanne erhit-zen, darin die Putenstreifen rundum anbraten, salzen, pfeffern und aus der Pfanne nehmen.

Den zweiten Teelöffel Öl in derselben Pfanne erhitzen und darin Paprika, Oliven und Frühlingszwiebeln anschwitzen. Fleisch-streifen und den gegarten Couscous, Minze, Petersilie und Limettensaft zugeben, alles mit Salz und Pfeffer abschmecken und etwas durchziehen lassen.

Fertig in ca. 15 Minuten.

1 Portion enthält ca.: 469 kcal · 14 g Fett · 49 g Kohlenhydrate · 34 g Eiweiß · 9 g Ballaststoffe · 44 mg Cholesterin

Nudeln mit Brokkoli-Schinken-Sahnesoße

Zutaten für 4 Portionen:

250 g	Nudeln aus Hart-weizengrieß, eifrei	200 ml	fettreduzierte Kochsahne 7%
600 g	Brokkoli	100 g	geriebener Parmesan
150 g	Rohschinkenwürfel 2% Fett (Kühlregal)		Salz, Pfeffer
300 ml	 Würzer Brühe		

Brokkoli putzen und in Röschen teilen, Stiel schälen und in Scheiben schneiden.

Nudeln in einem sehr großen Topf nach Packungs-anweisung garen, die letzten 5 Minuten den Brokkoli mit garen, alles abgießen.

In der Zwischenzeit Brühe und Sahne in einen Topf geben, erhitzen, Parmesan zugeben und schmelzen las-sen, Rohschinkenwürfel zugeben und mit erwärmen. Mit Salz und reichlich Pfeffer abschmecken.

Nudeln und Brokkoli unter die Soße mischen, bei Bedarf noch etwas Brühe zugießen und sofort servieren.

Fertig in ca. 15 Minuten.

1 Portion enthält ca.: 448 kcal · 13 g Fett · 51 g Kohlenhydrate · 30 g Eiweiß · 8 g Ballaststoffe · 37 mg Cholesterin

Gebratenes Hühnchen mit Chilipaste

Reis nach Packungsanweisung etwa 10 Minuten kochen, abschütten und warm stellen.

In der Zwischenzeit Hühnchenfleisch schnetzeln, Kaffir-limettenblätter in dünne Streifen schneiden, Chili in dünne Ringe schneiden, Basilikumspitzen für die Dekoration beiseite stellen und die Blätter grob zerzupfen.

In einem Wok Öl und die Chilipaste erhitzen bis die Paste anfängt zu duften, Fleisch und Zucker zugeben und braten bis das Fleisch gar ist. Hitze runterschalten.

Limettenblätter, Chiliringe, Fischsauce und Kokos-milch zugeben, kurz aufkochen lassen, vom Feuer nehmen, Basilikumblätter unterheben, nochmals kurz schwenken, abschmecken, eventuell mehr Fischsauce oder Zucker zugeben.

Reis in eine Tasse drücken und auf die Teller stürzen, Geschnetzeltes daneben anrichten, mit Basilikum dekorieren.

Fertig in ca. 15 Minuten.

Zutaten für 4 Portionen:

500 g	Hühnerbrust
2 EL	Rapsöl
½-1 EL	rote Chilipaste
1 TL	brauner Zucker
1	große rote Chili
6-8	Kaffirlimettenblätter
1 Bund	Thai Basilikum
100 ml	Kokosmilch
1 EL	Fischsauce
300 g	parboiled Reis, 10 Minuten Reis

Pfeffer aus der Mühle

Dieses Gericht schmeckt auch sehr gut mit Garnelen.

1 Portion enthält ca.: 499 kcal · 12 g Fett · 61 g Kohlenhydrate · 36 g Eiweiß · 2 g Ballaststoffe · 78 mg Cholesterin

Nudelsalat Bella Italia M V

Die Nudeln nach Packungsanweisung garen, abgießen, mit kaltem Wasser abschrecken und gut abtropfen lassen. Pinienkerne in einer Pfanne ohne Fettzugabe rösten und zur Seite stellen.

Zwischenzeitlich Tomaten und Mozzarella nach Belieben etwas zerkleinern und in eine Schüssel geben. Essig und Öl untermischen, leicht salzen und mit reichlich frisch gemahlenem Pfeffer würzen.

Basilikumblätter und Nudeln dazumengen und mit den Pinienkernen bestreuen.

Fertig in ca. 15 Minuten.

Tipp: Schmeckt durchgezogen noch besser und kann sehr gut mitgenommen werden.

Zutaten für 1 Portion:

70 g	kurze Vollkornnudeln, z.B. Farfalle, Spirelli, Penne
50 g	Mozzarella Kugeln light 8,5% absolut
150 g	Tomaten, z.B. Cocktailtomaten
1 EL	Weißweinessig
1 TL	Öl
	Pfeffer aus der Mühle
etwas	Salz
1	Hand voll frische Basilikumblätter
10 g	Pinienkerne

1 Portion enthält ca.: 437 kcal · 16 g Fett · 47 g Kohlenhydrate · 25 g Eiweiß · 11 g Ballaststoffe · 11 mg Cholesterin

Schnitzelstreifen mit Gnocchi in Gemüsesahne

Gemüse putzen und alles in Scheiben schneiden, Frühlingszwiebeln in Ringe.

Fleisch waschen und trocken tupfen und in Streifen schneiden.

Gnocchi in Salzwasser nach Gebrauchsanweisung garen, abgießen und zur Seite stellen.

Öl in einer beschichteten Pfanne erhitzen und darin die Schnitzelstreifen gut anbraten, aus der Pfanne nehmen, salzen und pfeffern. Zucchini, Champignons und die Hälfte der Frühlingszwiebeln im Bratfett andünsten und mit der Sahne und der Brühe ablöschen. 5 Minuten köcheln lassen.

Schnitzelstreifen zugeben, alles mit Salz, Pfeffer, Majoran, einer Prise Muskat und nach Belieben mit einem Spritzer Worcestersoße würzen. Bei Bedarf mit etwas Stärke leicht binden.

Zum Schluss die Gnocchi untermischen und alles mit den verbliebenen Frühlingszwiebeln bestreuen.

Fertig in ca. 20 Minuten.

1 Portion enthält ca.: 432 kcal · 11 g Fett · 49 g Kohlenhydrate · 33 g Eiweiß · 6 g Ballaststoffe · 80 mg Cholesterin

Zutaten für 1 Portion:

100 g	Schweineschnitzel	100 ml	Würzer Brühe
1 TL	Öl zum Braten	½ TL	Stärke
125 g	Gnocchi (Kühltheke)		
2	Frühlingszwiebeln		Salz, Pfeffer
75 g	Zucchini		Majoran, Muskat
100 g	Champignons	1 Spritzer	Worcestersoße
50 ml	fettreduzierte		
	Kochsahne 7%		

Frühlings Eiersalat mit Schinken und Wasabi

Eier 10 Minuten kochen, abschrecken, schälen und sechsteln.

Gurke schälen, längs vierteln, entkernen und scheibeln. Spitzen des Spargels etwa 5 cm abschneiden, den Rest bis zum holzigen Ende diagonal scheibeln. Radieschen waschen, putzen und scheibeln. Schinken in Streifen schneiden. Zwiebel schälen, halbieren und in Scheiben schneiden.

Spargelscheibchen in einem Sieb in leicht gesalzenes und kochendes Wasser hängen bis der Spargel noch Biss hat. Spitzen separat blanchieren und für die Dekoration beiseite stellen.

Vier Esslöffel Spargelwasser in eine Schüssel geben, kurz abkühlen und darin den Wasabi anrühren.

Saure Sahne, Salatcreme und feingeschnittenen Schnittlauch beigeben und gut verrühren, mit Salz und Pfeffer abschmecken. Falls das Dressing zu dick ist, einfach etwas mehr vom Spargelwasser untermengen.

Gurke, Radieschen, Zwiebel, Schinken und Spargel mit dem Dressing vermengen, Eier und die abgeschnittene Kresse erst kurz vor dem Servieren vorsichtig unterheben, mit den Spargelspitzen dekorieren.

Den Toast rösten und dazu reichen.

Tipp: Im Frühling kann man den Salat zum Beispiel auch gut mit Bärlauch, Sauerampfer und weißem Spargel variieren.

Fertig in ca. 20 Minuten.

Zutaten für 4 Portionen:

8	Eier
1	Salatgurke
1 Bund	Radieschen
400 g	grüner Spargel
1 Beet	Kresse
1	rote Zwiebel
100 g	gekochter Putenschinken
1 Bund	Schnittlauch
1-2 TL	Wasabi Pulver oder -Paste
150 g	saure Sahne 10%
50 g	Salatcreme Light 25% Fett abs.

Salz, Pfeffer aus der Mühle

240 g   Vollkorntoast

1 Portion enthält ca.:

428 kcal

21 g Fett

36 g Kohlenhydrate

24 g Eiweiß

8 g Ballaststoffe

467 mg Cholesterin

Zutaten für 1 Portion:

60 g	Basmatireis
	(10 Minuten Reis)
100 g	Garnelen, küchenfertig
	(Kühlregal)
1 EL	Öl
3	Frühlingszwiebeln
½	Pfefferschote oder etwas
	Chiliflocken
30 g	Erbsen, TK
1	Orange
	Salz, Pfeffer
	Currypulver

Fertig in ca. 20 Minuten.

Reispfanne mit Garnelen und Orange

Den Reis nach Packungsanweisung garen und gut abtropfen lassen.

Frühlingszwiebeln in Ringe schneiden, die Pfefferschote in Ringe schneiden, Kerne vorher entfernen.

Die Orange mit dem Messer so schälen, dass auch die weiße Haut vollständig entfernt ist. Orange vierteln und in Stücke schneiden. Garnelen abbrausen und gut abtropfen lassen.

Das Öl in einer beschichteten Pfanne erhitzen und die Garnelen darin anbraten, mit Salz und Curry würzen, dann aus der Pfanne nehmen.

Frühlingszwiebeln, Chili und Reis im verbliebenen Fett anbraten, wenn es zu trocken wird, etwas Wasser zugießen. Die Erbsen können gefroren zugegeben werden. Nach 3-4 Minuten die Garnelen und die Orangenstücke zugeben, gut erhitzen und alles mit Salz und Pfeffer abschmecken.

1 Portion enthält ca.: 517 kcal · 15 g Fett · 66 g Kohlenhydrate · 27 g Eiweiß · 7 g Ballaststoffe · 169 mg Cholesterin

Gebratene Nudeln mit Hühnchen

Nudeln nach Packungsbeilage etwa 2 Minuten kochen, mit kaltem Wasser abschrecken, abgießen und zur Seite stellen.

Fleisch schnetzeln, vom Chinakohl das vordere Drittel abschneiden und für die Dekoration zur Seite stellen. Den Rest des Kohls bis auf den Strunk in 1 cm breite Streifen schneiden. Knoblauch hacken.

In einem Wok das Öl erhitzen und darin den Knoblauch golden braten, Fleisch zugeben und weiter braten bis das Fleisch die Poren geschlossen hat, Fleisch auf die Pfannenseite schieben und in der Pfannenmitte die Eier unter Rühren mit einem großen Löffel anbraten bis das Ei anfängt zu stocken, Fleisch wieder beigeben und Chinakohl untermengen, kurz braten, Sojasoße, Austernsoße und Zucker beimischen, gut unterrühren, Nudeln unterziehen und weiter unter Rühren braten bis die Nudeln schön heiß sind, mit reichlich Pfeffer und eventuell Salz abschmecken.

Anrichten und mit den in 2 cm Stücke geschnittenen Frühlingszwiebeln bestreuen. Chili und Limetten-schnitze separat servieren.

Fertig in ca. 20 Minuten.

1 Portion enthält ca.: 454 kcal · 12 g Fett · 51 g Kohlenhydrate · 34 g Eiweiß · 3 g Ballaststoffe · 280 mg Cholesterin

---

Zutaten für 4 Portionen:

400 g	Hähnchenbrustfilet	3 EL	Sojasoße
2 EL	Rapsöl	2 EL	Austernsoße
1	Chinakohl	2 TL	Zucker
1 Bund	Frühlingszwiebeln	2	Limetten
3	Knoblauchzehen		grobes Chilipulver
4	Eier		
200 g	breite Reisnudeln		Salz
	Phad Thai oder andere		Pfeffer aus der
	Reisnudeln		Mühle

Hähnchensalat Hawaii mit Ananas

Ananas der Länge nach mit Strunk halbieren, Fleisch bis auf 1 cm herausnehmen und in kleine Stücke schneiden, in einer Schüssel aufbewahren. Saft auffangen und zur Seite stellen.

Stangensellerie scheibeln, Cherrytomaten halbieren, Zwiebel in halbe Ringe und die Frühlingszwiebeln in 2 cm lange schräge Stücke schneiden und zu den Ananasstücken geben.

Pfanne erhitzen und darin den Nüssen Farbe geben. Beiseite stellen.

Hähnchenfleisch salzen und pfeffern und im erhitzten Öl bei mittlerer Hitze durchgaren, dann in kleine Scheiben schneiden und mit dem Salat mischen.

In der Pfanne, im übrigen Öl den gehackten Knoblauch leicht anschwitzen, Currypulver beigeben, mitanziehen bis das Pulver anfängt zu duften, mit dem Ananassaft ablöschen, kurz aufkochen und zum Salat geben.

Saure Sahne, Majonnaise und Limettensaft zugeben, mischen und mit Salz und Pfeffer abschmecken.

Salat anrichten und mit den Cashewnüssen bestreuen.

Fertig in ca. 20 Minuten.

Zutaten für 4 Portionen:

500 g	Hähnchenbrust
2 EL	Rapsöl
2	Ananas
	ersatzweise 560 g Ananas Konserve
	(Abtropfgewicht) und Saft
1	Knoblauchzehe, gehackt
2 -3 TL	Currypulver
1	rote Zwiebel
1	Stangensellerie
150 g	Cherrytomaten
60 g	Cashewnüsse
4	Frühlingszwiebeln
50 g	saure Sahne 10%
1 EL	Majonnaise
3 EL	Limettensaft
	Salz, Pfeffer aus der Mühle

Felix Spezial
für
Leichter leben

1 Portion enthält ca.: 408 kcal · 18 g Fett · 26 g Kohlenhydrate · 34 g Eiweiß · 4 g Ballaststoffe · 90 mg Cholesterin

Hähnchentopf Namaste

Zutaten für 1 Portion:

125 g	Hähnchenbrust	50 ml	fettreduzierte Koch-
3	Frühlingszwiebeln		sahne 7%
1	gelbe Paprikaschote	1	kleine Dose
1 TL	Öl		grüne Bohnen
	Salz, Pfeffer		(110 g Abtropf-
½ TL	Currypulver		gewicht)
100 ml	Würzer Brühe	50 g	10-Minuten-Reis

Den Reis nach Packungsanweisung garen.

Hähnchenbrust waschen, trocken tupfen und in Würfel schneiden. Paprikaschote schälen und in Stücke, die Frühlingszwiebeln in Ringe schneiden.

Öl in einer beschichteten Pfanne erhitzen und das Fleisch darin anbräunen. Die Hälfte der Frühlingszwiebeln und die Paprikastücke zugeben und kurz mitbraten. Mit Salz, Pfeffer und Currypulver würzen.

Alles mit der Brühe und der Sahne ablöschen und abgedeckt 5-10 Minuten köcheln lassen, die letzten 2 Minuten die abgetropften Bohnen zugeben und heiß werden lassen.

Alles nochmal abschmecken und mit dem Reis servieren.

Fertig in ca. 20 Minuten.

1 Portion enthält ca.: 451 kcal · 9 g Fett · 52 g Kohlenhydrate · 38 g Eiweiß · 6 g Ballaststoffe · 85 mg Cholesterin

Zutaten für 4 Portionen:

2	hartgekochte Eier
250 g	parboiled Reis (10 Minuten-reis, Kochbeutel)
260 g	Thunfisch ohne Öl (Abtropfgewicht)
2	Paprikaschoten
100 g	Gewürzgurken
2 EL	Kapern
4	Frühlingszwiebeln
40 g	Tomatenmark
100 g	Salatcreme 25%
	frisch gemahlener Pfeffer
	Kresse zum Bestreuen, falls vorrätig

Reis-Thunfischsalat M

Reis nach Packungsanweisung in Salzwasser garen, abtropfen lassen und in eine Schüssel geben.

Paprikaschoten waschen, entkernen, mit dem Sparschäler schälen, in kleine Würfel schneiden, Thunfisch abtropfen lassen und beides zum Reis geben.

Gewürzgurken klein würfeln, Frühlingszwiebeln in feine Ringe schneiden, Kapern abtropfen lassen und alles mit dem Reis mischen.

Tomatenmark und Salatcreme unterrühren und mit frisch gemahlenem Pfeffer abschmecken. Eine Salzzugabe ist nicht nötig.

Salat auf vier Schalen verteilen, Eier schälen, in Viertel scheiden und mit der Kresse auf dem Salat anrichten.

Tipp: Kann sehr gut mitgenommen werden und schmeckt auch noch am nächsten Tag.

Fertig in ca. 20 Minuten.

1 Portion enthält ca.: 427 kcal · 10 g Fett · 58 g Kohlenhydrate · 25 g Eiweiß · 3 g Ballaststoffe · 140 mg Cholesterin

Sesamtofu auf buntem Salat

Tofu in 8 Scheiben schneiden, pfeffern und leicht salzen und mit der Sojasoße, Teriyakisoße und Currypulver vermischen und marinieren bis der Salat fertig ist. Ei verquirlen.

Gurke schälen und mit dem Julienne-Schneider bis zu den Kernen in dünne Streifen schneiden, alternativ in Streifen hobeln. Orangen mit dem Messer schälen, vierteln und in Scheiben schneiden.

Blattsalate waschen und verlesen, Chicorée-Blätter vorsichtig vom Strunk lösen.

Ingwer raffeln und mit dem Orangensaft, Essig, Honig und dem Rapsöl gut verrühren, mit Salz und Pfeffer abschmecken.

Auf vier Tellern die Blattsalate wie ein Nest anrichten, Gurken, Kresse und die Orangen darüber streuen, mit dem Dressing nappieren.

Tofu mit Mehl bestäuben, im Ei wenden und mit den Sesamkernen leicht panieren. In einer beschichteten Pfanne im Öl Tofu beidseitig golden herausbraten und dann auf dem Salat anrichten.

Fertig in ca. 20 Minuten.

Zutaten für 4 Portionen:

400 g	Tofu
4 EL	Sojasoße
1 EL	Teriyakisoße
1 TL	Currypulver
2 EL	Mehl
1	Ei
60 g	Sesam
2 EL	Rapsöl
1	Gurke
2	Orangen
200 g	Mischsalat z.B. Rucola, Mangold, Feldsalat, Frisée
2	Chicorée
1 Beet	Kresse
2 cm	Ingwer
3 EL	Orangensaft
3 EL	Apfelessig
1 TL	Honig
2 EL	Rapsöl

Salz, Pfeffer aus der Mühle

1 Portion enthält ca.: 425 kcal · 27 g Fett · 20 g Kohlenhydrate · 24 g Eiweiß · 7 g Ballaststoffe · 55 mg Cholesterin

Papaya Riesengarnelensalat

Papaya der Länge nach vierteln, mit einem Löffel die Kerne herauskratzen, einen gut gehäuften Esslöffel Kerne aufbewahren und zur Seite stellen.

Salat waschen und in mundgerechte Stücke rupfen.

Papayakerne, Senf, Essig, Brühe und Öl in einem Mixer so lange mixen bis die Kerne kleingehackt und das Dressing emulgiert ist. Mit Salz und Pfeffer abschmecken.

Riesengarnelen in kochendem Salzwasser pochieren.

Von der Papaya mit einem scharfen Messer längs breite Streifen von etwa 2 mm Dicke abschneiden, Streifen aufeinander legen und mit dem Messer gerade die Schale und die Innenseite abschneiden, so dass Sie gerade Streifen bekommen.

Vier Backringe mit etwa 8 cm Durchmesser mit den Papayastreifen innen gut auslegen, auf einen Teller geben, mit den Salatblättern satt füllen, die Hälfte der Garnelen darauf anrichten, die anderen um den Turm platzieren. Backring vorsichtig mit den Fingern so entfernen, dass nun die Papaya den Ring um den Salat bildet.

Übrig gebliebene Papaya in kleine Würfel schneiden und über den Salat streuen, Salat mit dem Dressing nappieren. Den Toast rösten und dazu reichen.

Tipp: Hawaii Papaya ist nicht allzu groß und hat festes Fleisch. Gelingt aber mit jeder Papaya. Ist auch eine sehr schöne Vorspeise die man leicht vorbereiten kann.

Fertig in ca. 20 Minuten.

Zutaten für 4 Portionen:

1	Papaya (Hawaii)
400 g	Riesengarnelen küchenfertig
200 g	gemischter Blattsalat (Feldsalat, Frisée, Eichblatt, Radicchio)
1 EL	Papayakerne
1 TL	grober Senf
2 EL	Sonnenblumenöl
2 EL	Weißweinessig
2 EL	Leichter Leben® Würzer Brühe
1 Beet	Kresse
	Salz, Pfeffer aus der Mühle
300 g	Vollkorntoast (75 g pro Portion)

1 Portion enthält ca.: 354 kcal · 11 g Fett · 37 g Kohlenhydrate · 27 g Eiweiß · 7 g Ballaststoffe · 137 mg Cholesterin

Grüner Spargel mit Jakobsmuscheln T

Jakobsmuscheln salzen und pfeffern, leicht mit Mehl bestäuben. Geriebene Orangenschale mit den Mandelblättchen und den Semmelbröseln zur Panade mischen. Ei verquirlen.

Nur die obere Fläche der Muscheln panieren, Panade gut andrücken.

Beim Spargel das untere holzige Ende entfernen, wenn nötig die untere Hälfte schälen. Spargel beim Kopf beginnend schräg in etwa 5 cm lange Stücke schneiden. Knoblauch und Chili zusammen mit den Korianderstängeln hacken.

In einer Bratpfanne 2 EL Öl erhitzen und die Jakobsmuscheln, Panade zuerst golden anbraten, wenden und nochmals eine Minute braten, warm stellen.

1 EL Öl und die Knoblauch-Mischung in die Pfanne geben und kurz anbraten, Spargel beigeben und weitere 2-3 Minuten bei mittlerer Hitze braten. Zucker, Sojasoße, Austernsoße, Brühe, ein paar Tropfen Sesamöl und den Orangensaft beigeben und zugedeckt 4 Minuten garen lassen, grob zerkleinerte Korianderblätter einstreuen.

Spargel herausnehmen und auf Tellern anrichten, Sauce zur gewünschten Konsistenz reduzieren und mit Salz, Pfeffer und eventuell etwas Orangensaft abschmecken. Sauce über den Spargel geben und die Jakobsmuscheln darauf anrichten.

Fertig in ca. 20 Minuten.

Felix Spezial für Leichter leben

Zutaten für 4 Portionen:

600 g	Jakobsmuscheln
½	Orange, Schale und 50 ml Saft
20 g	Mandelblättchen
20 g	Semmelbrösel
1	kleines Ei
1 EL	Mehl
3 EL	Rapsöl
600 g	grüner Spargel
3	Knoblauchzehen
2	rote Chilischoten
¼ Bund	frischen Koriander oder glatte Petersilie
1 EL	dunkle Sojasoße
2 EL	 Würzer Brühe
3 EL	Austernsoße
1 TL	Zucker
etwas	Sesamöl, falls vorrätig

Salz, Pfeffer aus der Mühle

1 Portion enthält ca.:

346 kcal

16 g Fett

26 g Kohlenhydrate

25 g Eiweiß

4 g Ballaststoffe

280 mg Cholesterin

Zanderfilet mit Erdbeersalsa auf Vollkornnudeln an Prosecco

Nudeln nach Packungsanweisung al dente kochen und warm stellen. Ofen auf 170°C Grad vorheizen.

Erdbeeren in kleine Würfel schneiden, je die Hälfte der Petersilie und Schalotten fein hacken, mit dem kaltgepressten Olivenöl, Limettensaft und Zucker anmachen, salzen und reichlich pfeffern, die Salsa sollte säuerlich, ein wenig süß und gut gepfeffert sein.

Zanderfilets leicht salzen und pfeffern, auf einem leicht gefetteten Blech im Ofen bei 170°C etwa 5–8 Minuten je nach der Größe der Filets garen.

In einer Saucenpfanne einen Esslöffel Öl erhitzen und die übrigen feingehackten Schalotten glasig braten, mit dem Prosecco ablöschen und mit der Sahne auffüllen, kurz sämig kochen, mit Salz und Pfeffer abschmecken.

Sauce auf vier Teller in die Mitte geben und darauf die Nudeln geben, Zanderfilet auf der Pasta anrichten und mit der Salsa nappieren. Restliche Petersilie zum Dekorieren verwenden.

Tipp: Bei der Sauce kurz vor dem Anrichten noch ein paar Tropfen Prosecco zugeben, so kommt das Aroma besser zur Geltung.

Fertig in ca. 20 Minuten.

Zutaten für 4 Portionen:

4	Zanderfilets, 125 g per Filet
	Salz, Pfeffer
1 TL	Öl für das Blech
250 g	Vollkornnudeln, z.B. Vollkornspaghetti
200 g	Erdbeeren
1	Limette (Saft)
1 TL	Zucker
1 EL	kaltgepresstes Olivenöl
½ Bund	glatte Petersilie
150 g	Schalotten
1 EL	Öl zum Anbraten
50 ml	Prosecco, ersatzweise Weißwein
50 ml	fettreduzierte Kochsahne 7%
	Salz, Pfeffer aus der Mühle

1 Portion enthält ca.: 434 kcal · 11 g Fett · 46 g Kohlenhydrate · 34 g Eiweiß · 9 g Ballaststoffe · 89 mg Cholesterin

Schollenröllchen mit Reis und marinierten Karotten

Den Reis nach Packungsanweisung garen.

Die Karotten vorbereiten und in ca. 5 cm lange, gleichmäßige Stifte schneiden, Schalotte, Knoblauch und Chilischote in kleine Würfel hacken.

Die Schollenfilets unter kaltem Wasser kurz abspülen, trocken tupfen, mit etwas Zitrone beträufeln, salzen und pfeffern. Der Länge nach teilen, nebeneinander legen, mit dem Basilikumpesto bestreichen, aufrollen und mit Zahnstochern befestigen.

Das Öl erhitzen, Karottenstifte, Zwiebel-, Knoblauch- und Chiliwürfel darin anschwitzen, mit dem Essig und der Brühe ablöschen und ziehen lassen, bis die Karotten bissfest sind. Den geriebenen Ingwer in die Hand nehmen und den Saft darüber pressen, den Rest entsorgen, mit Salz und Cayennepfeffer abschmecken, die Petersilie darüber streuen und das Gemüse zur Seite stellen bis der Fisch fertig ist.

Brühe und Kokosmilch erhitzen und die Röllchen darin langsam von jeder Seite etwa 5 Minuten ziehen, aber nicht kochen lassen.

Die Soße mit Zitronensaft, Salz und Pfeffer abschmecken und mit den Fischröllchen, den Karotten und dem Reis anrichten.

Fertig in ca. 20 Minuten.

1 Portion enthält ca.: 295 kcal · 13 g Fett · 59 g Kohlenhydrate · 34 g Eiweiß · 6 g Ballaststoffe · 76 mg Cholesterin

Zutaten für 4 Portionen:

500 g	Karotten
1	Schalotte
1	Knoblauchzehe
1	rote Chilischote
2 EL	Olivenöl
1 EL	frisch geriebener Ingwer
4 EL	Essig
100 ml	Würzer Brühe
	Salz, Cayennepfeffer
	ein paar Petersilienblättchen
600 g	Schollenfilet
	Zitronensaft, Salz, Pfeffer
2 EL	Basilikumpesto (Fertigprodukt)
200 ml	Würzer Brühe
100 ml	Kokosmilch
	Zitronensaft
1 EL	gehackte Petersilie
250 g	10-Minuten-Reis

Forellenfilet an Nusskruste auf Lauch und Wasabi [T]

Lauch gut waschen, längs halbieren und in feine Scheiben schneiden, Knoblauch hacken. Nüsse grob hacken und mit den Samen auf einen Teller geben. Ei verquirlen.

1 EL Öl in einer Pfanne erhitzen, gehackten Knoblauch darin anbraten, Lauch zugeben und andünsten, Brühe beigeben und weiterkochen bis der Lauch noch Biss hat. Sahne und Wasabi zugeben, aufkochen, mit Zitronensaft, Salz und Pfeffer abschmecken, warm stellen.

Fischfilets leicht salzen und pfeffern, mit Mehl bestäuben, durch das Ei ziehen und nur auf der Innenseite des Filets mit den Nüssen panieren und in 2 EL erhitztem Öl in einer beschichteten Pfanne zuerst auf der Nussseite golden herausbraten, wenden und auf kleiner Hitze fertig garen.

Lauchgemüse in tiefen Tellern anrichten, Forellenfilet darauf und mit dem Kerbel dekorieren.

Tipp: Die Nüsse können nach Belieben variiert werden. Wenn Sie nur Wasabi Pulver bekommen, einfach mit ein wenig Wasser anrühren bis Sie eine Paste haben.

Fertig in ca. 20 Minuten.

Zutaten für 4 Portionen:

500 g	Forellenfilets, ersatzweise Zanderfilets
1	Ei
40 g	Mehl z.B. Type 1050
40 g	Nussmischung z.B. je 10 g Walnüsse, Haselnüsse, Mandeln und Pistazien
10 g	Leinsamen
10 g	Sesamsamen
3 EL	Rapsöl
600 g	Lauchringe
1	Knoblauchzehe
100 ml	Leichter Leben® Würzer Brühe
1-2 EL	Wasabi
	Saft von ½ Zitrone
100 ml	fettreduzierte Kochsahne 7%
8	Zweige Kerbel zur Dekoration
	Salz, Pfeffer aus der Mühle

Felix Spezial für Leichter leben

1 Portion enthält ca.: 407 kcal · 24 g Fett · 14 g Kohlenhydrate · 34 g Eiweiß · 6 g Ballaststoffe · 127 mg Cholesterin

Wolfsbarsch mit Zitrone, Kapern und Sardellen auf gegrilltem Fenchel

Ofen auf 200°C vorheizen.

Fenchel längs halbieren, Strunk entfernern, Fenchel mit dem Fenchelgrün in feine Längsscheiben schneiden, ein wenig mit Salz und Pfeffer würzen, mit 2 EL Öl in einer Schüssel vermischen, auf ein mit Backpapier ausgelegtes Blech verteilen und im vorgeheizten Ofen bei 200°C 10 Minuten backen.

In der Zwischenzeit 1 Zitrone in dünne Scheiben schneiden. Fischfilets leicht würzen und mit 2 EL Öl einreiben. Knoblauch hacken. Rosmarinspitzen für die Dekoration aufbewahren, restliche Rosmarinnadeln grob zerhacken. Sardellenfilets abspülen.

Blech mit dem Fenchel herausnehmen, Fischfilet und Cherrytomaten auf dem Fenchel verteilen, Filets mit Zitronenscheiben, Kapern und Anchovis belegen, mit Rosmarin und Knoblauch bestreuen und mit dem

restlichen Olivenöl und mit dem Saft einer halben Zitrone beträufeln.

Das Blech wieder in den Ofen schieben und weitere 10–12 Minuten, je nach Fisch garen.

Blech herausnehmen, Gericht abschmecken und wer mag, noch heiß die andere Hälfte der Zitrone darüber auspressen.

Fisch auf dem Fenchel und den Cherrytomaten anrichten, entstandenen Bratensaft darüber träufeln und mit den Rosmarinspitzen dekorieren.

Tipp: Anstatt Zitronensaft am Schluss, kann man auch ein wenig Weißwein verwenden.

Fertig in ca. 20 Minuten.

Zutaten für 4 Portionen:

4	Wolfsbarschfilets a 120 g
	ersatzweise anderes Fischfilet
5 EL	kalt gepresstes Olivenöl
4	Zweige Rosmarin
2	Bio-Zitronen
2 EL	Kapern
8	Anchovis (Sardellen)
1	Knoblauchzehe
600 g	Fenchel
150 g	Cherrytomaten

Salz

Pfeffer aus der Mühle

Felix Spezial
für
Leichter
leben

1 Portion enthält ca.:

285 kcal

17 g Fett

7 g Kohlenhydrate

26 g Eiweiß

4 g Ballaststoffe

87 mg Cholesterin

Süßwasserfischtopf mit Fenchel und Safran T

Fenchel und Zwiebel in feine Scheiben hobeln, Knoblauch hacken. Kartoffeln schälen und in 1,5 cm große Würfel schneiden. Tomaten in Streifen schneiden, die Hälfte der Petersilie hacken.

Fenchel, Zwiebel und Knoblauch im Öl glasig dünsten. Mit Weißwein ablöschen und mit der Brühe auffüllen, aufkochen, Kartoffeln beigeben und etwa 10 Minuten auf mittlerer Hitze kochen.

Tomaten und feingehackte, entsteinte Oliven zur Suppe geben.

Fischfilets mit der Haut in etwa 1 cm breite Streifen schneiden, leicht salzen und pfeffern, in die Brühe geben und knapp unter dem Siedepunkt etwa 3-4 Minuten garen lassen, Safran, Wermut und die gehackte Petersilie beifügen und mit Salz und Pfeffer abschmecken.

In Suppentellern anrichten und mit der übrigen Petersilie dekorieren.

Tipp: Man kann natürlich für diese Suppe auch Meeresfische und Krustentiere verwenden.

Fertig in ca. 20 Minuten.

Zutaten für 4 Portionen:

2	Fenchelknollen
1	Knoblauchzehe
1	Zwiebel
2 EL	Öl, z. B. Olivenöl
400 g	festkochende Kartoffeln
100 ml	Weißwein
1000 ml	leichte Würzer Brühe
2-4	sonnengetrocknete Tomaten eingeweicht
40 g	grüne Oliven
400 g	gemischte Fischfilets wie Zander, Forelle, Saibling
1	Briefchen Safran
20 ml	Wermut (falls vorrätig)
1 Bund	glatte Petersilie

Salz, Pfeffer aus der Mühle

1 Portion enthält ca.: 302 kcal · 10 g Fett · 23 g Kohlenhydrate · 24 g Eiweiß · 4 g Ballaststoffe · 63 mg Cholesterin

Zutaten für 1 Portion:

80 g   Vollkornspaghetti

50 g   Rohschinkenwürfel
         2% Fett (Fertigprodukt)

1 TL   Öl

½   gelbe Paprikaschote

50 g   Erbsen TK

50 ml    Würzer Brühe

50 ml   fettreduzierte Kochsahne
         7%

1   Ei

1 EL   fettreduzierte Kochsahne
         7%

10 g   geriebener Parmesan

         Salz, Pfeffer aus der Mühle

1 Hand voll Rucola

Spaghetti Carbonara

Spaghetti nach Packungsanweisung in Salzwasser garen.

Paprikaschote waschen, entkernen, mit dem Sparschäler so gut wie möglich schälen und in Würfel schneiden.

Wenig Öl erhitzen und darin die Schinkenwürfel anbraten, Paprikawürfel zugeben und etwas mitbraten, dann die Erbsen zugeben und alles mit der Brühe und der Sahne aufgießen, aufkochen lassen, dann die Hitze reduzieren. Salzen und pfeffern.

Ei, 1 EL Kochsahne und den geriebenen Parmesan verquirlen, salzen und pfeffern. Die Spaghetti abgießen und sofort in den Topf mit den Schinkenwürfeln geben, die Eisahne untermischen und bei sehr kleiner Hitze so weit unter Rühren erwärmen, bis die Soße gebunden ist.

Rucola waschen und trocken schütteln, grob hacken und unter die Spaghetti mischen, sofort servieren.

Fertig in ca. 20 Minuten.

1 Portion enthält ca.: 574 kcal · 20 g Fett · 61 g Kohlenhydrate · 37 g Eiweiß · 13 g Ballaststoffe · 248 mg Cholesterin

Schweinelendchen mit Spargel und Schmelztomaten T

Spargel waschen und in mundgerechte Stücke schneiden, die Frühlingszwiebeln in Röllchen schneiden.

Fleisch waschen, trocken tupfen und in Scheiben schneiden, mit dem Limettensaft beträufeln, salzen und pfeffern.

Öl erhitzen und die Lendenscheiben beidseitig jeweils etwa 3-4 Minuten anbraten und aus der Pfanne nehmen.

Den Spargel in derselben Pfanne unter Rühren knackig gar braten.

Fleisch mit ausgetretenem Fleischsaft wieder zugeben, Frühlingszwiebeln und Tomaten in die Pfanne geben, mit Kräutersalz und Pfeffer würzen und die Pfanne zudecken bis die Tomaten leicht aufgeplatzt sind.

Fertig in ca. 20 Minuten

1 Portion enthält ca.: 281 kcal · 10 g Fett · 9 g Kohlenhydrate · 39 g Eiweiß · 5 g Ballaststoffe · 83 mg Cholesterin

Zutaten für 4 Portionen:

600 g	Schweinefilet
1 EL	Zitronen- oder Limettensaft
	Salz, Cayennepfeffer
2 EL	Öl zum Braten
1000 g	grüner Spargel
1 Bund	Frühlingszwiebeln
300 g	Cocktailtomaten
	Kräutersalz, Pfeffer

Schnitzelstreifen in Tomaten-Pilz-Sahne

Zwiebel schälen, halbieren und in Streifen schneiden. Champignons putzen und in Scheiben schneiden. Schnitzel waschen, trocken tupfen und in feine Streifen schneiden.

Die Nudeln nach Packungsanweisung garen und warm stellen.

1 TL Öl in einer beschichteten Pfanne erhitzen und das Fleisch darin bei starker Hitze anbraten, herausnehmen, salzen und pfeffern.

Den zweiten TL Öl zugießen und darin die Zwiebeln und Champignons anbraten. Mit den passierten Tomaten und der Brühe ablöschen, mit Salz, Pfeffer und Paprikapulver würzen.

Ein paar Minuten köcheln lassen, dann die Fleischstreifen samt ausgetretenem Fleischsaft zugeben und kurz mitgaren.

Die Hitze abstellen und den Schmand und die Schnittlauchröllchen unterziehen, nicht mehr kochen.

Zusammen mit den Nudeln anrichten.

Fertig in ca. 20 Minuten.

Zutaten für 1 Portion:

125 g	Schweineschnitzel		Salz, Pfeffer
2 TL	Öl zum Braten	½ TL	Paprikapulver
1	Zwiebel		edelsüß
100 g	Champignons	2 EL	Schnittlauchröllchen
200 g	passierte Tomaten (Konserve)	25 g	Schmand
100 ml	Würzer Brühe	60 g	Nudeln

1 Portion enthält ca.: 524 kcal · 17 g Fett · 50 g Kohlenhydrate · 42 g Eiweiß · 8 g Ballaststoffe · 78 mg Cholesterin

Zutaten für 4 Portionen:

400 g	Rinderlende
100 g	rote Zwiebeln
1	Knoblauchzehe
500 g	Brokkoliröschen
200 g	Karotten
2 EL	Öl zum Braten
100 ml	Teriyakisoße
	Salz, Pfeffer
	Chiliwürzer
2 EL	Limettensaft
250 g	Jasminreis

Pfanne fertig in ca. 20 Minuten, Reis je nach Sorte.

Teriyaki-Pfanne mit Lendenstreifen und Reis

Den Reis nach Packungsanweisung garen. Fleisch in Streifen schneiden. Zwiebeln und Knoblauch schälen, halbieren und in Scheibchen schneiden. Brokkoli putzen und in Röschen teilen, Karotten schälen und in dünne Scheibchen schneiden.

1 EL Öl in einer beschichteten Pfanne erhitzen und Zwiebeln, Knoblauch und Karottenscheiben darin anbraten. Etwa 5 Minuten garen, bis das Gemüse noch etwas Biss hat. Leicht salzen und aus der Pfanne nehmen.

Den zweiten Löffel Öl in derselben Pfanne erhitzen und darin die Fleischstreifen gut anbräunen, ebenfalls leicht salzen und aus der Pfanne nehmen.

Den Bratensatz mit 100 ml Wasser und 100 ml Teriyakisoße ablöschen, Gemüse und Fleisch zugeben, kurz aufkochen lassen, dann die Hitze reduzieren und alles mit Salz, Pfeffer, Chiliwürzer und Limettensaft abschmecken und noch etwas ziehen lassen. Mit den Reis anrichten und servieren.

1 Portion enthält ca.: 476 kcal · 11 g Fett · 59 g Kohlenhydrate · 34 g Eiweiß · 7 g Ballaststoffe · 51 mg Cholesterin

Cevapcici Wrap mit Joghurtsauce Ⓜ

3 Knoblauchzehen pressen und die Zwiebel in eine Schüssel reiben. Fleisch, Cevapcicigewürz und Paprikapulver zugeben, ein wenig salzen und alles sehr gut miteinander verkneten. Zugedeckt im Kühlschrank etwa zwei Stunden ziehen lassen.

Die gehackte Petersilie der Masse beigeben und mit Salz und Pfeffer abschmecken.

Beide Handflächen mit dem Olivenöl gut benetzen und mit den Händen von der Fleischmasse fingerdicke und etwa 5 cm lange Cevapcici formen bis die Masse aufgebraucht ist.

Cevapcici am besten auf dem Holzgrill indirekt, also nicht auf der Glut ca. 5–7 Minuten garen oder mit dem Oberhitze-Grill im Backofen. Dabei Cevapcici auf den Rost legen und ein Blech darunter einschieben, so bleibt der Backofen sauber.

Gurke schälen und ein Drittel für die Soße raffeln, salzen. Restliche Gurke in Streifen hobeln für die Wraps. Tomaten in dünne Scheiben schneiden. Salat waschen, trockenschleudern und in einzelne Blätter zupfen.

Joghurt mit einer zerdrückten Knoblauchzehe, Zitronensaft und dem Olivenöl vermischen, gesalzene Gurke ein wenig auspressen und zum Joghurt geben, mit Salz und Pfeffer mischen.

Brotfladen auf dem Grill oder in der Mikrowelle anwärmen, auf die Arbeitsfläche legen, zuerst mit Salat, Tomatenscheiben und mit Gurkenstäbchen belegen, dabei einen 3 cm breiten Rand frei lassen, Cevapcici darauf. Eine Seite des Fladens einschlagen, dann mit der Füllung aufrollen so dass eine Seite offen bleibt. Joghurtsauce separat servieren.

Tipp: Alternativ kann man auch nur Rindfleisch verwenden.

Fertig in ca. 20 Minuten ohne Wartezeit.

Felix Spezial für Leichter leben

Zutaten für 4 Portionen:			
4	Yufka Brotfladen oder Tortilla Wraps a 65 g	300 g	Naturjoghurt 1,5% Fett
200 g	Rinderhackfleisch	1	Gurke
200 g	Lammhackfleisch	1 TL	Zitronensaft
1	große Zwiebel	1 TL	kaltgepresstes Olivenöl
4	Knoblauchzehen		
1 TL	Cevapcicigewürz oder etwas Chiliflocken	4	Tomaten
		1 Kopf	Römersalat
2 TL	Paprika edelsüß		
½ Bund	glatte Petersilie		Salz, Pfeffer aus der Mühle
1 EL	Öl für die Hände, z.B. Olivenöl		

1 Portion enthält ca.: 493 kcal · 20 g Fett · 45 g Kohlenhydrate · 31 g Eiweiß · 4 g Ballaststoffe · 64 mg Cholesterin

Kalbsschnitzel mit Pfifferlingen an Balsamico Sauce mit feinen Raukenudeln

Tomaten entkernen und in kleine Würfel schneiden.
4 Basilikumspitzen beiseite legen, den Rest der Blätter
in Streifen schneiden. Rucola und getrocknete Tomaten
grob hacken. Schalotten und Knoblauch hacken.

Kalbsschnitzel leicht salzen, mit Mehl bestäuben und
in 3 EL Öl beidseitig anbraten, herausnehmen und
warm stellen. Im Bratensatz nun die geputzten Pilze,
gehackten Schalotten und Knoblauch golden braten,
Tomatenwürfel zugeben, kurz mitschwenken, mit
Portwein und Balsamico ablöschen und mit der Brühe
und Sahne auffüllen, aufkochen, Schnitzel in die Sauce
legen, mit dem Basilikum bestreuen und ziehen lassen.

Pasta nach Packungsbeilage in leicht gesalzenem Wasser
al dente kochen.

Pasta abschütten, zurück in den Topf geben, mit dem
Rucola, getrockneten Tomaten und restlichen Olivenöl
vermischen.

Pasta mit Hilfe einer Fleischgabel zu 4 Portionen aufrollen und auf heißen Tellern anrichten. Sauce mit Salz
und Pfeffer abschmecken, Schnitzel bei der Pasta in der
Tellermitte anrichten, mit der Sauce nappieren und mit
Basilikum dekorieren.

Tipp: Pilze je nach Saison variieren.

Fertig in ca. 20 Minuten.

Zutaten für 4 Portionen:

8	Kalbsschnitzel a ca. 60 g
40 g	Mehl z.B. Type 1050
4 EL	Öl z.B. Olivenöl
120 g	geputzte Pfifferlinge
2	Schalotten
1	Knoblauchzehe
2	Tomaten
2 EL	Portwein
4 EL	Balsamico Essig
100 ml	fettreduzierte Kochsahne 7%
100 ml	Würzer Brühe oder Hühnerbrühe
½ Bund	Basilikum
200 g	Capellini (extrem dünne Spaghetti)
2	getrocknete Tomaten ohne Öl
50 g	Rucola

Salz, Pfeffer aus der Mühle

1 Portion enthält ca.: 513 kcal · 17 g Fett · 50 g Kohlenhydrate · 36 g Eiweiß · 6 g Ballaststoffe · 91 mg Cholesterin

Saltimbocca mit Steinpilz Kartoffel Risotto

Kalbsschnitzel ein wenig flachklopfen, mit Salz und Pfeffer leicht würzen, zuerst mit je 2 Salbeiblättern belegen, Parmaschinken darauf legen, zusammenklappen und alles mit der Handfläche ein wenig andrücken, mit Mehl bestäuben.

Zwiebel und Knoblauch fein hacken, Steinpilze putzen und in Scheibchen schneiden. Kartoffeln schälen und mit der Röstiraffel raffeln.

Gehackte Zwiebel und Knoblauch mit 2 EL Öl in einer Pfanne glasig andünsten, zerkleinerte Steinpilze beigeben, mitbraten, Kartoffeln zugeben, kurz mitschwenken und mit dem Wein ablöschen, mit ⅔ der Brühe auffüllen und etwa 10 Minuten auf mittlerer Hitze unter Rühren köcheln lassen. Die Kartoffeln sollten noch ein wenig Biss haben.

In der Zwischenzeit die Kalbsschnitzel mit den restlichen zwei Esslöffeln Öl in einer beschichteten Pfanne beidseitig fertig braten, herausnehmen und warm stellen. Die Pfanne mit dem Bratsatz mit der restlichen Brühe ablöschen, aufkochen bis sich der Satz aufgelöst hat und zum Risotto geben. Gehackte Petersilie und den Parmesan einstreuen, mit Salz und reichlich Pfeffer abschmecken.

Kartoffel-Risotto auf die Teller geben, Saltimbocca darauf anrichten und mit den Salbeispitzen dekorieren.

Tipp: Risotto einfach mit Zutaten je nach Belieben variieren. Im Frühling vielleicht Morchel und Bärlauch, Rauke mit Pinien, Zucchini mit Minze, Kürbis mit Basilikum.

Fertig in ca. 20 Minuten.

Felix Spezial
für
Leichter
leben

Risotto lässt sich toll an die Jahreszeit anpassen.

Zutaten für 4 Portionen:

4	Kalbsschnitzel a 125 g
4	Salbeizweige
4	Scheiben Parmaschinken
4 EL	Mehl z.B. Type 1050
4 EL	Öl z.B. Olivenöl
1	Zwiebel
2	Knoblauchzehen
500 g	Kartoffeln festkochend
100 g	Steinpilze
1 Bund	glatte Petersilie
50 ml	Weißwein
300 ml	Würzer Brühe
40 g	Parmesankäse gerieben

Salz

Pfeffer aus der Mühle

1 Portion enthält ca.:

446 kcal

19 g Fett

29 g Kohlenhydrate

38 g Eiweiß

4 g Ballaststoffe

89 mg Cholesterin

Kalbsgeschnetzeltes an Kafirlime-Sauce auf Süßkartoffelrösti

Süßkartoffeln schälen, grob raspeln und gut Wasser ausdrücken. Lauch in feine Ringe schneiden. Beides mit dem Ei und 50 g Mehl in eine Schüssel geben, mit Salz und Pfeffer würzen.

Kalbsschnitzel in kleinfingergroße Stücke schnetzeln.

Ofen auf 170°C vorheizen.

Schalotten fein hacken, 8 Limettenblätter mit einem scharfen Messer in ganz dünne Streifen schneiden.

In einer Pfanne 1 EL Öl erhitzen, Schalotten darin anschwitzen, mit der Sahne und der Brühe auffüllen und ein wenig einreduzieren, Limettenblätter beigeben und ein wenig ziehen lassen.

2 EL Öl in einer großen beschichteten Pfanne erhitzen. Von der Kartoffelmasse 4 gleichgroße Portionen in die Pfanne geben und von jeder Seite 3-4 Minuten bei mittlerer Hitze knusprig braten. Warm stellen.

Zwischenzeitlich das Geschnetzelte leicht salzen und pfeffern, mit dem Mehl bestäuben, auf einem leicht geölten Ofenblech lose verteilen und im vorgeheizten Ofen bei 170°C etwa 4 Minuten garen, herausnehmen, in die Sauce geben, kurz aufkochen, etwas durchziehen

lassen, salzen und pfeffern und je nach Belieben Limettensaft einträufeln lassen.

Tipp: Anstatt Kaffir-Limettenblättern schmeckt auch ein Kunterbunt aus dem Kräutergarten.

Fertig in ca. 20 Minuten.

Zutaten für 4 Portionen:

500 g	Kalbsschnitzel
100 g	Mehl (2x50 g)
4 EL	Rapsöl
2	Schalotten
8	Kafirlimettenblätter
½	Limette
50 ml	fettreduzierte Kochsahne 7%
100 ml	leichte Würzer Brühe
600 g	Süßkartoffeln
100 g	Lauchringe
1	Ei
	Salz, Pfeffer aus der Mühle

Felix Spezial für Leichter leben

1 Portion enthält ca.: 531 kcal · 18 g Fett · 55 g Kohlenhydrate · 35 g Eiweiß · 7 g Ballaststoffe · 129 mg Cholesterin

Zutaten für 1 Portion:

125 g	Kalbsschnitzel
	Salz, Pfeffer
10 g	Butter
1 EL	Sherry
2 TL	Zitronensaft
50 ml	*Schöner Leben* Würzer Brühe
1 Msp.	Zitronenabrieb
50 ml	fettreduzierte Kochsahne 7%
1 TL	rosa Pfefferbeeren
1 Bund	Lauchzwiebeln
1 TL	Rapsöl
60 g	Nudeln aus Hartweizen oder Vollkornnudeln

Kalbsschnitzel mit Nudeln und feiner Soße

Nudeln nach Packungsanweisung in Salzwasser garen, abgießen.

Fleisch waschen und trocken tupfen, salzen und pfeffern. Butter in einer beschichteten Pfanne erhitzen und das Fleisch darin auf beiden Seiten anbraten. Mit Sherry, Zitronensaft und Brühe ablöschen und bei geringer Temperatur zugedeckt fertig garen.

Dann Sahne und rosa Pfeffer zufügen und nur noch mild erhitzen.

Die Lauchzwiebeln waschen und putzen, mit dem Grün in ca. 4 cm lange Stücke schneiden und in einer zweiten Pfanne im Öl abraten, salzen und pfeffern. Die Nudeln mit in die Pfanne geben und noch kurz miterhitzen.

Die Nudeln mit den Lauchzwiebeln zusammen mit Fleisch und Soße anrichten, mit Zitronenabrieb dekorieren und sofort servieren.

Fertig in ca. 25 Minuten.

1 Portion enthält ca.: 545 kcal · 19 g Fett · 51 g Kohlenhydrate · 35 g Eiweiß · 5 g Ballaststoffe · 102 mg Cholesterin

Kartoffelragout ✓

Zutaten für 1 Portion:

1	Schalotte	150 ml  Würzer Brühe	
100 g	Karotten		
200 g	Kartoffeln	Salz, Pfeffer	
150 g	Champignons	Petersilie	
5 g	getrocknete Steinpilze	Majoran	
1 EL	Rapsöl		

Die getrockneten Steinpilze in lauwarmem Wasser einweichen.

Schalotte und Karotten schälen und in kleine Würfel schneiden. Kartoffeln schälen und in mundgerechte Würfel schneiden. Die Champignons putzen und in Scheiben schneiden.

Das Öl in einem Topf erhitzen und die Schalotten- und Karottenwürfel darin anbraten. Mit der Brühe ablöschen, die Kartoffeln zugeben, Deckel auflegen und etwa 10-15 Minuten auf niedriger Stufe garen.

Wenn die Kartoffeln fast gar sind, die Champignon-scheiben und die abgetropften Steinpilze zugeben und etwas mitkochen. Mit Salz, Pfeffer, Leichter leben Würzer Pulver, Petersilie und Majoran kräftig ab-schmecken.

Fertig in ca. 25 Minuten.

1 Portion enthält ca.: 337 kcal · 13 g Fett · 41 g Kohlenhydrate · 13 g Eiweiß · 13 g Ballaststoffe · 0 mg Cholesterin

Hähnchenbrustfilets an Safran Senfsauce auf Fenchel Lauchreis

Ofen auf 180°C vorheizen.

Lauch gut waschen, längs halbieren und in Streifen schneiden. Fenchelknolle putzen, Fenchelgrün beiseite legen, Knolle halbieren und Stunk entfernen, Fenchel in feine Scheiben schneiden.

Schalotten und Knoblauch hacken. Frühlingszwiebeln in feine Röllchen schneiden.

Hähnchen leicht mit Salz und Pfeffer würzen, leicht mit Mehl bestäuben und mit 2 Esslöffel Öl in einer beschichteten Bratpfanne beidseitig anbraten. Auf ein Ofenblech geben und im vorgeheizten Ofen bei etwa 180°C 12-15 Minuten je nach Größe backen.

Reis nach Packungsbeilage im leicht gesalzenen Wasser garen.

Im Bratensatz gehackte Schalotten und Knoblauch anschwitzen, Senf beigeben und kurz mitschwenken, mit Wein ablöschen, Safran einstreuen, mit Sahne auffüllen, aufkochen bis die Sauce sämig wird, Frühlingszwiebelröllchen unterziehen und mit Salz und Pfeffer abschmecken. Warm stellen. Reis abschütten.

In der Pfanne restliches Öl erhitzen und darin den Fenchel und Lauch glasig dünsten, mit der Brühe ablöschen, ein wenig abgeriebene Schale und ein wenig Saft der Zitrone, Reis und gehacktes Fenchelgrün beigeben und gut mischen, abschmecken.

Fleisch und eventuell Bratensaft in die Sauce geben und kurz durchziehen lassen.

Reis in der Mitte der Teller anrichten, Brustfilets längs aufschneiden, am Reis anrichten und mit der Sauce dekorieren.

Fertig in ca. 25 Minuten.

1 Portion enthält ca.: 563 kcal · 17 g Fett · 59 g Kohlenhydrate · 38 g Eiweiß · 4 g Ballaststoffe · 81 mg Cholesterin

Zutaten für 4 Portionen:

500 g	Hähnchenbrustfilets
4 EL	Mehl z.B. Type 1050
4 EL	Öl z.B. Olivenöl
2	Schalotten
1	Knoblauchzehe
1 EL	grober Senf
1	Briefchen Safran
60 ml	Weißwein
100 ml	fettreduzierte Kochsahne 7%
½ Bund	Frühlingszwiebeln
1	Fenchel
100 g	Lauch
¼	Zitrone, Schale und Saft
250 g	10-Minuten Vollkornreis
75 ml	 Würzer Brühe oder Hühnerbrühe
	Salz
	Pfeffer aus der Mühle

Scharfe Meeresfrüchte Spaghetti

Spaghetti in reichlich leicht gesalzenem Wasser al dente kochen, abschütten und mit kaltem Wasser kurz abschrecken.

Zwischenzeitlich Calamari in Ringe schneiden, Garnelen abspülen und falls zu groß längs halbieren.

Knoblauch mit dem Messerrücken flachdrücken und grob zerschneiden, Zucchini, Schalotten und Chili in Längsstreifen schneiden, Tomate halbieren, entkernen und in Streifen schneiden und Schnittlauch in 2 cm lange Stücke schneiden. Vier Basilikumspitzen zur Dekoration beiseite stellen, den Rest der Basilikumblätter grob zerzupfen.

In einer Bratpfanne das Öl erhitzen, Knoblauch, Schalotten und Chilis kurz anbraten, Meeresfrüchte beigeben, gut anbraten, Zucchini und Pfefferkörner zugeben, mitbraten.

Mit der Sojasoße, Austernsoße und Fischsoße ablöschen, Spaghetti beigeben und unter Schwenken erhitzen, zum Schluss Tomate und Basilikumblätter unterziehen.

Auf Tellern anrichten, mit dem Schnittlauch bestreuen und mit den Basilikumspitzen dekorieren.

Fertig in ca. 25 Minuten.

Zutaten für 4 Portionen:

200 g	Vollkorn-Spaghetti
2 EL	Rapsöl
150 g	Calamari (Tintenfischtuben)
150 g	Garnelen küchenfertig
2	Knoblauchzehen
2	Schalotten
2	große rote Chilischoten
200 g	kleine Zucchini
½ Bund	Schnittlauch
1	Tomate
1 TL	grüner Pfeffer
2 EL	Sojasoße
2 EL	Austernsoße
1 EL	Fischsoße
1 Bund	Thai-Basilikum oder Basilikum

Salz, Pfeffer aus der Mühle

Felix Spezial für Leichter leben

1 Portion enthält ca.: 324 kcal · 9 g Fett · 38 g Kohlenhydrate · 23 g Eiweiß · 8 g Ballaststoffe · 154 mg Cholesterin

Kalbsleber mit Feigen und Rauke und knusprigen Kartoffeln

Kalbsleber in ca. 40 g schwere Schnitzel schneiden. Schalotten schälen und in feine Scheiben schneiden.

Kartoffeln schälen und mit einer Raffel fein raffeln. Die Schnitze ein wenig mit der Hand Wasser auspressen, salzen und pfeffern.

In einer beschichteten Pfanne die Butter schmelzen und darin die Kartoffeln anbraten bis die Späne glasig sind. Dann mit einer Spachtel zu einem 1 cm dicken Kuchen formen, ein wenig andrücken und weiter braten bis das Rösti golden ist, wenden und auf kleinem Feuer fertig garen, warm stellen.

Kalbsleber in einer Pfanne im Öl beidseitig anbraten, die Schnitzel sollten innen noch rosa sein, aus der Pfanne nehmen und zur Seite stellen.

Schalotten glasig braten, Pinien beigeben und anrösten bis die Nüsse Farbe annehmen.

Geviertelte Feigen und die Hälfte der Rauke grob zerzupft zugeben und kurz mitanziehen, mit Balsamico und Portwein ablöschen, Leber wieder zufügen, kurz schwenken und vom Feuer nehmen, mit Salz und Pfeffer abschmecken.

Rösti vierteln, auf Tellern anrichten, mit der übrigen Rauke dekorieren und darauf die Leber mit den Feigen und der Soße anrichten.

Zutaten für 4 Portionen:

500 g	frische Kalbsleber
2 EL	Öl z.B. Olivenöl
200 g	Schalotten
40 g	Pinienkerne
1 Bund	Rucola
3	Feigen
3 EL	Balsamico
4 EL	Portwein
400 g	mehlige Kartoffeln
20 g	Butter
	Salz
	Pfeffer aus der Mühle

Fertig in ca. 25 Minuten.

1 Portion enthält ca.: 426 kcal · 17 g Fett · 37 g Kohlenhydrate · 25 g Eiweiß · 5 g Ballaststoffe · 297 mg Cholesterin

Schweinemedaillons im Lauchring mit Zuckererbsenschoten

Die Medaillons vorbereiten, vom Lauch den Wurzelansatz entfernen, vorsichtig einige Blätter der Länge nach ablösen, waschen und trocken tupfen.

Den Lauch der Länge nach in dieselbe Breite schneiden wie die Medaillons hoch sind, einen Ring um die Medaillons schlingen und mit Zahnstochern feststecken.

Kräuterbutter schmelzen lassen und die Medaillons damit von beiden Seiten bestreichen und mit Salz, Pfeffer und Paprikapulver würzen.

Den Knoblauch schälen, andrücken und mit den Kräutern in eine beschichtete Pfanne legen. Die Medaillons ohne weitere Fettzugabe bei milder Hitze langsam von jeder Seite etwa 5 Minuten braten.

Dann Brühe, Weißwein und Sahne zugießen, Soße etwas einreduzieren lassen und mit Salz, Pfeffer und Leichter leben Würzer Pulver abschmecken.

Die Erbsenschoten in der Brühe langsam bissfest garen und mit Salz und Pfeffer abschmecken. Die Paprikaschote entkernen, mit dem Sparschäler schälen, in sehr feine Würfelchen schneiden und zum Schluss unter die Erbsenschoten mengen. Einen Teil zur Dekoration verwenden.

Die Nudeln nach Packungsanweisung garen und zu den Medaillons reichen.

Fertig in ca. 25 Minuten

Zutaten für 4 Portionen:

800 g	Schweinefilet in gleichmäßige Medaillons geschnitten
1	Stange Lauch
	Zahnstocher zum Befestigen
20 g	Kräuterbutter
	Salz, Pfeffer, Paprikapulver
1	Knoblauchzehe
1	Rosmarinzweig
3	Thymianzweige
150 ml	Würzer Brühe
50 ml	Weißwein
2 EL	fettreduzierte Kochsahne 7%
300 g	Zuckererbsenschoten
100 ml	Würzer Brühe
	Salz, Pfeffer
1	rote Paprikaschote
250 g	Nudeln, Hartweizen, eifrei

1 Portion enthält ca.:

547 kcal

10 g Fett

55 g Kohlenhydrate

56 g Eiweiß

9 g Ballaststoffe

122 mg Cholesterin

Zutaten für 4 Portionen:

500 g	Schweinelende
2 EL	süße Sojasoße
1 EL	Whisky oder Cognac
60 g	ungesalzene Erdnüsse
½ Bund	frische Minze
4	Frühlingszwiebeln
8	Stängel Koriandergrün ersatzweise glatte Petersilie
4-6	rote Chilischoten
8	Knoblauchzehen
2 TL	Zucker
1 EL	Fischsoße
4 EL	Limettensaft
1	Chinakohl

Salz
Pfeffer aus der Mühle

Anstatt Erdnüssen schmecken auch Cashewnüsse.

Grillierter Schweinefleischsalat mit Nüssen T

Fleisch in etwa 1,5 cm dicke Steaks schneiden und mit Sojasoße und Whisky etwa 15 Minuten marinieren.

Erdnüsse in einer Pfanne ohne Fettzugabe hellbraun rösten. Minze und Koriander grob abzupfen und die Frühlingszwiebeln in etwa 3 cm lange Stäbchen schneiden.

Für das Dressing Chilis und Knoblauch fein hacken und mit dem Zucker, Fischsoße und Limettensaft mischen.

Die Steaks gut und kross auf dem Grill oder in der Grillpfanne grillen, kurz abstehen lassen und in etwa kleinfingergroße Stücke schneiden, noch heiß mit dem eventuell entstandenen Fleischsaft in das Dressing geben.

Nun die restlichen Zutaten beigeben, mit Salz und Pfeffer abschmecken und auf den gewaschenen Chinakohlblättern anrichten.

Fertig in ca. 25 Minuten.

1 Portion enthält ca.: 286 kcal · 11 g Fett · 9 g Kohlenhydrate · 35 g Eiweiß · 5 g Ballaststoffe · 69 mg Cholesterin

Zutaten für 4 Portionen:

200 g	Beluga Linsen
600 g	Topinambur
500 g	Karotten
100 g	Knollensellerie
100 g	Zwiebel
1 cm	Ingwer
1 EL	Rapsöl
600 ml	Leichter leben Würzer Brühe
1 TL	Currypulver
	Salz, Pfeffer
	Leichter leben Würzer Pulver
2 EL	glatte Petersilie, grob gehackt

Topinambur-Karotten-Eintopf mit Beluga Linsen V

Linsen abbrausen und in ungesalzenem Wasser ca. 20 Minuten garen. Dann abgießen und mit 1 TL Leichter leben Würzer Pulver vermischen.

Zwiebel und Sellerie in kleine Würfel schneiden, Karotten schälen und in Scheibchen schneiden, Tobinambur ebenfalls schälen und in 1 cm kleine Würfel schneiden. Irgwer schälen und in Scheiben schneiden.

Zwiebel und Sellerie im erhitzten Öl andünsten, Karotten und Topinambur zugeben und kurz mitdünsten. Mit der Brühe ablöschen, Ingwer zugeben, mit Curry, Salz und frisch gemahlenem Pfeffer würzen und etwa 15 Minuten köcheln lassen, bis die Topinamburwürfel gar sind.

Ingwer nach Belieben wieder herausnehmen und den Eintopf mit einem Mixstab kurz anpürieren. Die Beluga Linsen zugeben und bei Bedarf noch etwas erwärmen. Mit Petersilie bestreuen und servieren.

Fertig in ca. 25 Minuten.

1 Portion enthält ca.: 271 kcal · 5 g Fett · 38 g Kohlenhydrate · 18 g Eiweiß · 32 g Ballaststoffe · 0 mg Cholesterin

Lauwarme Räucherforelle auf Belugalinsen

Die Forelle aus der Verpackung nehmen und in Alufolie gewickelt bei 100°C im Rohr erwärmen.

Zwiebel und Knoblauch schälen und fein hacken (eine halbe Zwiebel für die Linsen, die andere Hälfte für die Kartoffeln verwenden).

Das Öl erhitzen, Zwiebel und Knoblauch andünsten, Linsen, Senf, Lorbeerblatt und Majoran zugeben, alles knapp mit Wasser bedecken und aufkochen. Bei milder Hitze zugedeckt in etwa 20 Minuten weich dünsten. Erst nach der Garzeit mit Essig und Leichter leben Würzer Pulver abschmecken.

Die Kartoffeln schälen und in 2 mm dünne Scheiben schneiden. Zwiebelwürfel in der Butter anschwitzen, Kartoffelscheiben zugeben, etwas Leichter leben Würzer Pulver zugeben und mit Wasser knapp bedecken. Bei milder Hitze in 10-15 Minuten weich dünsten, Sahne zugießen, nochmal aufkochen lassen und mit dem Pürierstab schaumig mixen. Bei Bedarf noch etwas heißes Wasser zugießen.

Den Kartoffelschaum in einen Suppenteller geben, Linsen und die warme Räucherforelle darauf anrichten und nach Belieben mit frischen Kräutern garnieren.

Fertig in ca. 25 Minuten.

Zutaten für 1 Portion:

125 g	geräuchertes Forellenfilet
40 g	Belugalinsen
½	Zwiebel
etwas	Knoblauch
½ TL	mittelscharfer Senf
1	kleines Lorbeerblatt
etwas	Majoran
1 TL	Öl
1 TL	Essig
½ TL	Leichter leben®Würzer Pulver
200 g	Kartoffeln mehlig kochend
½	Zwiebel
etwas	Leichter leben®Würzer Pulver
5 g	Butter

1 Portion enthält ca.: 539 kcal · 15 g Fett · 59 g Kohlenhydrate · 41 g Eiweiß · 10 g Ballaststoffe · 89 mg Cholesterin

Gebratener Zander mit pikant gewürzten Kartoffelwürfeln

Die Zanderfilets waschen, trocken tupfen, mit Zitronensaft, Salz, Pfeffer und dem Fischgewürz einreiben.

Die Zwiebel schälen und hacken, die Kartoffeln schälen und in gleichmäßige 0,5-1 cm kleine Würfel schneiden.

1 EL Rapsöl erhitzen, die Zwiebelwürfel darin glasig dünsten, die Kartoffelwürfel zugeben und bei milder Hitze anbräunen. Mit der Brühe ablöschen, die Kapern zugeben, mit Salz, Pfeffer, Würzer und Apfelessig abschmecken und so lange dünsten bis die Kartoffeln weich sind. Eventuell nochmals etwas Brühe nachgießen.

Für den Fisch das Öl erhitzen und von jeder Seite etwa 3-5 Minuten braten, er sollte innen noch glasig sein. Nach dem Wenden mit den Dillspitzen bestreuen.

Den Rucola waschen, in Stücke schneiden, auf die Teller streuen und mit etwas Balsamico beträufeln oder besprühen, die Tomaten vierteln, die Kartoffeln vom Herd nehmen, die Schnittlauchröllchen untermengen, auf den Tellern anrichten, den gebratenen Zander darauf legen und mit den Tomaten garnieren.

Fertig in ca. 25 Minuten.

Zutaten für 4 Portionen:

800 g	Zanderfilet
	Zitronensaft, Kräutersalz
	Fischgewürz (falls vorrätig)
	Dillspitzen
2 EL	Rapsöl zum Braten
1	große Zwiebel
800 g	Kartoffeln
1 EL	Rapsöl
200 ml	Würzer Brühe
2 EL	Kapern
	Salz, Pfeffer
	Würzer Pulver
2 EL	Apfelessig
4 EL	Schnittlauchröllchen
50 g	Rucola
etwas	Balsamico
4	Cocktailtomaten zur Dekoration
4	Dillzweige

1 Portion enthält ca.: 410 kcal · 11 g Fett · 33 g Kohlenhydrate · 43 g Eiweiß · 3 g Ballaststoffe · 140 mg Cholesterin

Schnelles Hühnerfrikassee

Zwiebeln hacken, Hähnchenbrust waschen, trocken tupfen und in kleinere Würfel schneiden.

Reis nach Packungsanweisung garen.

Die Butter erhitzen und darin Zwiebeln und Hähnchenbrust etwa 5 Minuten hell andünsten, das Mehl einstreuen und kurz mitbraten, dann mit der Brühe aufgießen. Gut durchrühren und etwa 10 Minuten köcheln lassen. Mit Salz, Pfeffer und Muskat würzen.

Das Tiefkühlgemüse unaufgetaut zugeben, alles aufkochen und 5 Minuten köcheln lassen, bis das Gemüse gar ist.

Eigelb und Kochsahne und etwas heiße Brühe aus dem Topf vermischen, Topf vom Herd ziehen und die Eigelbmischung unterrühren, zurück auf dem Herd noch heiß werden lassen aber nicht mehr kochen.

Mit Salz, Pfeffer und Zitronensaft abschmecken und mit dem Reis servieren.

Fertig in ca. 25 Minuten.

Zutaten für 4 Portionen:

600 g	Hähnchenbrust
2	Zwiebeln
20 g	Butter
2 EL	Mehl
400 ml	Würzer Brühe
400 g	TK Gemüsemischung pur (z.B. Erbsen, Karotten, Bohnen)
100 ml	fettreduzierte Kochsahne 7%
1	Eigelb
2 TL	Zitronensaft
	Salz, Pfeffer
	Muskat
250 g	parboiled Reis

Beliebter Klassiker in der leichten Version

1 Portion enthält ca.: 523 kcal · 9 g Fett · 63 g Kohlenhydrate · 45 g Eiweiß · 5 g Ballaststoffe · 171 mg Cholesterin

Hähnchenbrust in fruchtiger Grapefruit-Senfsoße

Die Schalotten schälen und fein hacken, die Paprikaschote entkernen, schälen und in feine Würfel schneiden. Reis nach Packungsanweisung garen.

Eine Grapefruit mit dem Messer häuten, so dass auch die weiße Haut ganz entfernt ist und filetieren. Die beiden anderen Grapefruits entsaften.

Das Fleisch waschen und trocken tupfen, die Filetstreifen lösen und extra mitbraten. Das Öl erhitzen, Knoblauch im Ganzen dazu legen, die Hähnchenbrüste im Ganzen darin langsam von beiden Seiten durchbraten lassen, mit Salz, Pfeffer und den Kräutern würzen. Dann Fleisch und Knoblauch aus der Pfanne nehmen.

Schalotten und Paprikawürfel in das Bratfett geben und anschwitzen, mit dem Grapefruitsaft ablöschen, den Senf unterrühren und etwas einreduzieren lassen.

Den Weißwein zugießen, das Fleisch wieder in die Pfanne geben und etwa 10 Minuten ziehen lassen, nach 5 Minuten wenden. Anschließend in Scheiben schneiden.

Die Soße abschmecken und den Estragon unterziehen. Das Fleisch mit den Grapefruitfilets, der Soße und dem Reis anrichten.

Fertig in ca. 25 Minuten.

Zutaten für 4 Portionen:

4	Hähnchenbrüstchen a 150 g
2 EL	Öl zum Braten
	Salz, Pfeffer
1 EL	italienische Kräuter
1	Knoblauchzehe
100 g	Schalotten
1	rote Paprikaschote
3	Grapefruits
1-2 EL	grobkörniger Senf
50 ml	Weißwein
	Estragonblättchen frisch oder getrocknet
250 g	parboiled 10-Minuten-Reis

1 Portion enthält ca.: 494 kcal · 8 g Fett · 59 g Kohlenhydrate · 41 g Eiweiß · 2 g Ballaststoffe · 93 mg Cholesterin

Tuna Steak auf Spargel Reis Salat mit Mango

Reis gut waschen und nach Packungsanweisung in Salzwasser kochen, auskühlen.

Spargel putzen und in schräge Stücke schneiden. In kochendem Salzwasser kurz kochen lassen, der Spargel sollte noch Biss haben, abgießen, abschrecken und abtropfen lassen.

Zwiebel längs halbieren und längs in Streifen schneiden. Mango schälen, entsteinen und in 1 cm große Würfel schneiden. Stangensellerie in feine Scheibchen schneiden.

Thunfisch leicht salzen und pfeffern und mit der Teriyaki Sauce marinieren.

Gehackten Knoblauch und Chili in 1 EL Öl in einer Bratpfanne knusprig braten. Mit dem Öl in eine Schüssel geben und mit der Sojasauce, Limettensaft, süßer Chilisauce und dem geriebenen Ingwer vermischen.

Pfefferkörner oben auf dem Steak andrücken und im übrigen Öl in der Pfanne zuerst mit dem Pfeffer nach unten anbraten, nach zwei Minuten wenden und weiter braten bis die Steaks etwa halb durchgebraten sind.

Reis, Mango, Zwiebel, Sellerie und den Spargel mit dem Dressing mischen, die Hälfte der abgezupften Koriander- oder Petersilienblätter zugeben und mit Salz und Pfeffer abschmecken.

Salat auf vier Tellern anrichten, mit dem Reissalat füllen und mit den Steaks belegen.

Fertig in ca. 30 Minuten.

Felix Spezial für Leichter leben

Der Salat schmeckt auch mit Wildreis.

Zutaten für 4 Portionen:

500 g	Thunfischsteak 3 cm dick
2 EL	Teriyaki Sauce
4 EL	rosa Pfefferkörner
2 EL	Rapsöl
1	Knoblauchzehe
1 - 2	Chilischoten
3 EL	Sojasoße
1 EL	süße Chilisauce
4 cm	Ingwer gerieben
2	Limetten (Saft)

200 g	Basmati 10-Minuten Reis
200 g	grüner Spargel
1	rote Zwiebel
1 Stange	Stangensellerie
1	Mango
1 Bund	frischer Koriander
	oder glatte Petersilie
1 Kopf	Radicchio Salat
	Salz, Pfeffer aus der Mühle

1 Portion enthält ca.:

587 kcal

26 g Fett

51 g Kohlenhydrate

35 g Eiweiß

4 g Ballaststoffe

88 mg Cholesterin

Sommerlicher Pasta Salat mit Parmesan ⓜ ⓥ

Nudeln nach Packungsanweisung al dente kochen, abschütten.

In der Zwischenzeit Nüsse und Knoblauch grob hacken, Zucchini ohne Kerne in dünne Stäbchen schneiden, Cherrytomaten und Oliven in feine Scheiben schneiden. Basilikum in feine Streifen, Rucolaspitzen abschneiden, hinteren Teil fein hacken.

In einer beschichteten Pfanne einen Esslöffel Öl erhitzen, darin die Nüsse, Knoblauch und Zucchini anschwitzen, in eine Salatschüssel geben und mit dem restlichen Öl, Balsamico und Zucker gut vermischen, mit Salz und Pfeffer abschmecken.

Pasta, Rucola, Basilikum, Cherrytomaten und Oliven in der Schüssel mit dem Dressing anmachen.

Auf Tellern die gewaschenen Salatblätter verteilen, darauf den Pasta Salat anrichten und mit Hilfe eines Sparschälers oder Hobels den Parmesan über den Salat geben.

Tipp: Anstatt weißem Balsamico kann man auch anderen guten Weißweinessig gebrauchen. Gut zum Mitnehmen geeignet.

Fertig in ca. 30 Minuten.

Zutaten für 4 Portionen:

300 g	kurze Vollkornnudeln
1 Bund	Rucola
1 Bund	Basilikum
200 g	Cherrytomaten
150 g	Zucchini
20 g	schwarze Oliven entsteint
30 g	Parmesan
2	Knoblauchzehen
30 g	Cashewnüsse
4 EL	kalt gepresstes Olivenöl
4 EL	weißer Balsamico
1 TL	Zucker
1 Kopf	Römersalat

Salz, Pfeffer aus der Mühle

Felix Spezial für Leichter leben

1 Portion enthält ca.: 497 kcal · 24 g Fett · 54 g Kohlenhydrate · 16 g Eiweiß · 11 g Ballaststoffe · 6 mg Cholesterin

Steaksalat mit Melone und Rucola T

Für die Marinade Knoblauch und Ingwer hacken und mit Sojasoße, Sesamöl, Orangensaft und Honig mischen. Steaks etwa 10 Minuten marinieren.

Melone halbieren, entkernen und in 12 Schnitze schneiden, 4 Schnitze beiseite stellen, die restlichen Schnitze von der Schale schneiden und in 0,5 cm breite Stücke schneiden. Zwiebel halbieren und in Längsstreifen schneiden, Cherrytomaten halbieren. Pinien in einer Pfanne hellbraun rösten. Rucola waschen.

Olivenöl mit Balsamico und Senf zum Dressing mischen und mit Salz und Pfeffer abschmecken.

Steaks direkt auf dem Grill oder in der Grillpfanne beidseitig fertig braten, das Fleisch sollte halb durch oder höchstens rosa durch sein. Steaks auf einen heißen Teller geben, mit der restlichen Marinade bestreichen und kurz durchziehen lassen.

In der Zwischenzeit in einer großen Salatschüssel Dressing mit den Melonenstücken, Rucola, Cherrytomaten, Zwiebeln und den noch warmen Pinien anmachen und eventuell nochmals nachwürzen.

Salat auf der Mitte der Teller anrichten, Melonenschnitz dazu, Steak in fingerdicke Streifen schneiden und halb über dem Salat anrichten.

Fertig in ca. 30 Minuten.

Zutaten für 4 Portionen:

4	Rinderlendensteaks a 180 g
4 EL	Sojasoße
1 TL	Öl z.B.Sesamöl
2 EL	Orangensaft
1 EL	Honig
2	Knoblauchzehen
1 cm	Ingwer
1	Honigmelone
200 g	Rucola
200 g	Cherrytomaten
1	rote Zwiebel
40 g	Pinienkerne
3 EL	kalt gepresstes Olivenöl
3 EL	Balsamico
1 TL	mittelscharfer Senf

Salz, Pfeffer aus der Mühle

1 Portion enthält ca.:

484 kcal
24 g Fett
20 g Kohlenhydrate
47 g Eiweiß
3 g Ballaststoffe
88 mg Cholesterin

Fischpiccata auf Auberginengemüse mit Tomate T

Aubergine in 1 cm große Würfel schneiden, die Tomaten entkernen und klein schneiden.

Thymianspitzen beiseite stellen, restlichen Thymian abzupfen. Knoblauch und Oliven hacken. Zitronenschale abreiben und Saft auspressen.

2 EL Öl erhitzen und darin zuerst den gehackten Knoblauch golden anbraten, dann die Auberginen mitbraten bis diese gar sind, Tomaten, Oliven und Kapern beigeben und kurz mitbraten, Zitronenschale und Chilisauce beigeben und mit der Brühe ablöschen, mit Salz und Pfeffer abschmecken. Nach Belieben ein paar Tropfen Zitronensaft zugeben. Zugedeckt durchziehen lassen.

Eier mit dem geriebenen Käse und den Thymianblättern gut verquirlen.

Fischfilets leicht salzen und pfeffern, mit Mehl bestäuben, durch das Eigemisch ziehen und in einer erhitzten beschichteten Pfanne im restlichen Öl, beidseitig golden braten.

Fisch herausnehmen und in der gleichen Pfanne die Cherrytomaten mit ein wenig Salz und Pfeffer weich braten, gelegentlich schwenken.

In der Zwischenzeit das Auberginengemüse auf 4 Tellern verteilen, Fischpiccata darauf anrichten, mit den Thymianspitzen dekorieren und rundherum die Cherrytomaten verteilen.

Tipp: Anstatt Fisch für das Piccata geht auch Tofu.

Fertig in ca. 30 Minuten.

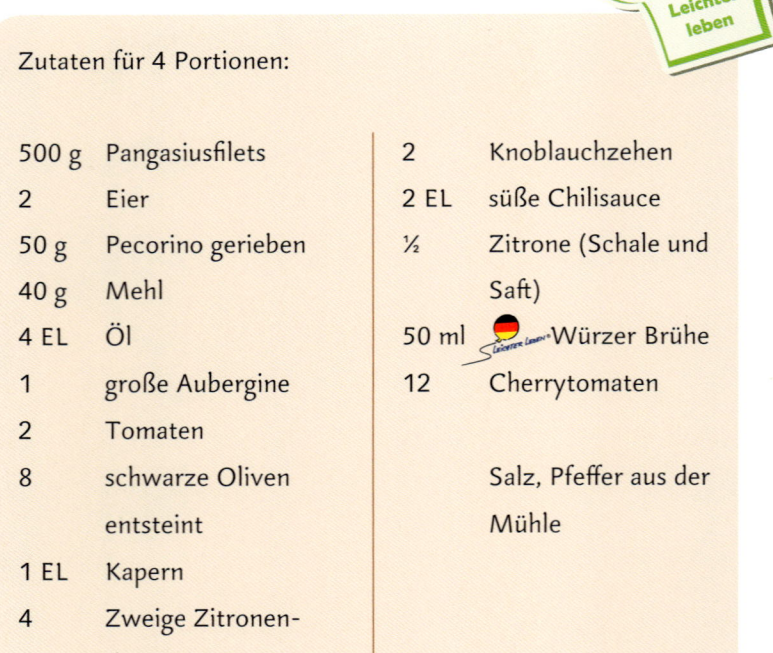

Zutaten für 4 Portionen:

500 g	Pangasiusfilets	2	Knoblauchzehen
2	Eier	2 EL	süße Chilisauce
50 g	Pecorino gerieben	½	Zitrone (Schale und Saft)
40 g	Mehl		
4 EL	Öl	50 ml	Würzer Brühe
1	große Aubergine	12	Cherrytomaten
2	Tomaten		
8	schwarze Oliven entsteint		Salz, Pfeffer aus der Mühle
1 EL	Kapern		
4	Zweige Zitronenthymian		

Seeteufelmedaillons auf buntem Ingwergemüse mit Reis

Den Seeteufel säubern, in ca. 5 cm breite Medaillons schneiden, salzen, pfeffern und mit Limettensaft beträufeln. Ofen auf 170°C vorheizen.

Den Reis nach Packungsanweisung garen und warm halten.

Knoblauch und Zwiebel fein hacken. Die Paprikaschote entkernen, schälen und fein würfeln, Kohlrabi, Karotte und Zucchini in Streifen schneiden.

Den verdickten Anteil vom Zitronengras mit dem Messerrücken klopfen und dann in sehr feine Würfel schneiden, den Ingwer fein hacken.

Das Öl erhitzen, die Medaillons von jeder Seite kurz anbraten, dann aus der Pfanne nehmen und in eine ofenfeste Form legen. Bei 170°C 10-15 Minuten im Rohr fertig garen.

Knoblauch und Zwiebel im restlichen Fett glasig andünsten, das gehackte Zitronengras, Ingwer, Paprika, Kohlrabi und Karotte zufügen und 5 Minuten dünsten.

Mit Orangensaft und Kochsahne ablöschen, den Limettensaft und die Zucchini zugeben und mit Salz, Pfeffer und Sojasoße abschmecken.

Die Medaillons mit dem Gemüse und dem Reis auf 4 Tellern anrichten und mit Limettenscheiben garnieren.

Fertig in ca. 30 Minuten.

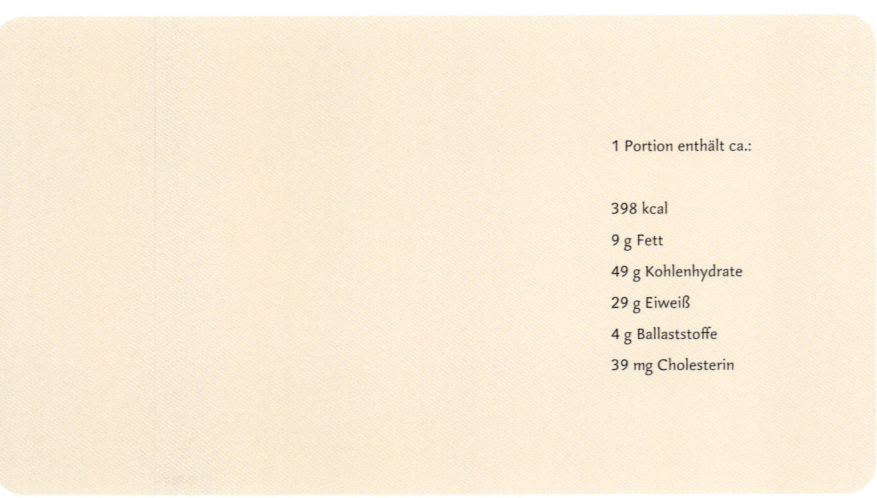

1 Portion enthält ca.:

398 kcal
9 g Fett
49 g Kohlenhydrate
29 g Eiweiß
4 g Ballaststoffe
39 mg Cholesterin

Zutaten für 4 Portionen:

600 g	Seeteufelfilet
	Salz, Pfeffer, Limettensaft
2 EL	Öl zum Braten
200 g	Reis
1	Knoblauchzehe
1	Zwiebel
1	rote Paprikaschote
200 g	Kohlrabi
100 g	Karotte
100 g	Zucchini
1	Stängel Zitronengras
	(frisch oder aus dem Glas)
2 cm	Ingwer fein gehackt
2 EL	Limettensaft
100 ml	Orangensaft
50 ml	fettreduzierte Kochsahne 7%
2 EL	Sojasoße
	Limettenscheiben zum
	Garnieren

Chinesische Hühnersuppe

Das Hähnchenfleisch waschen. Das Wasser zum Kochen bringen.

Suppengemüse klein schneiden, Schalotte schälen, vierteln und zusammen mit der ganzen Hähnchenbrust und der Chilischote in das kochende Waser geben. Salz und Würzer Pulver zufügen und 15 Minuten bei milder Hitze ziehen lassen, dann die Chilischote entfernen.

Die Pilze putzen, vierteln und zugeben und weitere 10 Minuten ziehen lassen.

Die Reisnudeln nach Packungsanweisung 10 Minuten in kaltem Wasser einweichen, abseihen und zur Suppe geben.

Frühlingswiebel in Röllchen schneiden und mit den Erbsen zufügen. Das Fleisch heraus nehmen, in Streifen schneiden, wieder in die Suppe geben und vom Herd nehmen.

Das Ei in ein Schälchen aufschlagen, verrühren und unter die heiße Suppe ziehen, nicht mehr kochen lassen.

Mit Sojasoße, Chinagewürz, Salz und Pfeffer abschmecken.

Fertig in ca. 30 Minuten.

Zutaten für 1 Portion:

70 g	Hähnchenbrustfilet
1	Schalotte
250 ml	Wasser
50 g	Suppengemüse (Karotte, Lauch, Sellerie)
1 TL	Würzer Pulver
1	kleine Chilischote oder etwas Chiliwürzer
40 g	Reisnudeln
50 g	Champignons
20 g	grüne Erbsen TK
1	Frühlingszwiebel
1	Ei Größe M
1 EL	Sojasoße
¼ TL	Chinagewürz

Salz, weißer Pfeffer

Wer es noch etwas schärfer mag, kann noch einen Hauch Sambal Oelek zufügen.

1 Portion enthält ca.: 366 kcal · 7 g Fett · 43 g Kohlenhydrate · 31 g Eiweiß · 6 g Ballaststoffe · 261 mg Cholesterin

Asiatisches Flusskrebs Omelette ⊓ Ⓜ

Knoblauch hacken, Chili fein schneiden (eine Hälfte für den Salat verwenden), Krebsfleisch abspülen und grob hacken. Mungobohnen abtropfen lassen und Lauchzwiebeln in Ringe schneiden.

Eier mit der Sojasoße glatt rühren. Frühlingszwiebeln mit den Mungobohnensprossen unter die Eimasse mischen, mit Salz und Pfeffer abschmecken.

In einer beschichten Pfanne das Öl erhitzen und darin den gehackten Knoblauch und Chili golden anbraten, klein geschnittenes Krebsfleisch zugeben und mitbraten.

Eimasse in die Pfanne geben und bei mittlerer Hitze ca. 15 Minuten golden braten, wenden und nochmals zwei Minuten braten.

2 EL Limettensaft, 1 TL -Schale, Öl, Zucker, fein-geschnittene Chili und die grob zerkleinerte Minze in einer Salatschüssel miteinander mischen, abschmecken.

Gurke schälen, halbieren, entkernen und in Stäbchen hobeln, Melone entkernen und mit einem Kugelaus-stecher kleine Kugeln herausstechen.

Vier schöne Eisbergblätter auf die Seite legen, den Rest in 1 cm breite Streifen schneiden.

Gurke, Melone und den geschnittenen Eisbergsalat zu dem Dressing geben und miteinander vermengen. Die Eisbergblätter auf 4 Teller geben und darin den Salat anrichten, Omelette vierteln und zum Salat geben.

Fertig in ca. 30 Minuten.

Zutaten für 4 Portionen:

200 g	Flusskrebsfleisch ersatzweise kleine Krabben		1	Gurke
			½	Honigmelone
8	Eier		1	Limette (Saft und Schale)
3 EL	Sojasoße		1 EL	Olivenöl
2 EL	Rapsöl		½ TL	Zucker
2	Knoblauchzehen		½	Chili
½	Chili		2	Zweige Minze
120 g	Mungobohnen-sprossen (Abtropfgewicht)		1 Kopf	Eisberg Salat
4	Frühlingszwiebeln			Salz
				Pfeffer aus der Mühle

Das Original wird mit Chilisoße serviert.

1 Portion enthält ca.: 327 kcal · 20 g Fett · 12 g Kohlenhydrate · 24 g Eiweiß · 2 g Ballaststoffe · 515 mg Cholesterin

Lachsquark mit Ofen-Rosmarinkartoffeln

Zutaten für 2 Portionen:

600 g	Kartoffeln
1 EL	Rapsöl
	Salz, Pfeffer, Rosmarin
100 g	Graved Lachs
250 g	Quark 20% Fett i.Tr.
125 g	Naturjoghurt 1,5%

Ofen auf 200°C vorheizen. Ein Backblech mit Backpapier belegen.

Kartoffeln schälen, in kleine Spalten schneiden und in eine Schüssel geben. 1 EL Öl, Salz, Pfeffer und Rosmarin zugeben, Deckel auflegen und alles gut durchschütteln.

Die Kartoffelspalten auf dem Blech verteilen und bei 200°C etwa 20 Minuten garen.

Zwischenzeitlich Lachs in Streifen schneiden und mit dem Quark und Joghurt verrühren. Mit Salz und Pfeffer abschmecken und die Kartoffelspalten dazu anrichten.

Fertig in ca. 30 Minuten.

1 Portion enthält ca.: 535 kcal · 19 g Fett · 53 g Kohlenhydrate · 34 g Eiweiß · 4 g Ballaststoffe · 51 mg Cholesterin

Zutaten für 4 Portionen:

300 g	Garnelen, küchenfertig (Kühlregal)
2	Paprikaschoten
600 g	Kartoffeln
1	Zwiebel
etwas	Knoblauch
1	Chilischote oder 1 Msp. Chiliflocken
2 cm	Ingwer
1 EL	Öl
100 ml	fettreduzierte Kochsahne 7%
500 ml	leichte  Würzer Brühe

Salz, Pfeffer
Cayennepfeffer
gemahlener Koriander
frische Kräuter nach
Belieben z.B. Petersilie
oder Koriandergrün

Schneller Kartoffel-Paprika-Topf mit Garnelen T

Zwiebel, Knoblauch und Ingwer schälen und fein hacken. Chilischote in feine Ringe schneiden, Kartoffeln schälen und in 1-2 cm große Würfel schneiden.

Zwiebel, Knoblauch und Ingwer im Öl andünsten, Kartoffelwürfel zugeben und etwas mitdünsten. Mit der Kochsahne und der Brühe aufgießen, aufkochen lassen und 15-20 Minuten köcheln lassen.

Zwischenzeitlich die Paprikaschoten waschen, schälen, entkernen und in kleine Würfelchen schneiden. Die Garnelen abspülen und abtropfen lassen.

Paprika und Garnelen beigeben und noch ca. 5 Minuten weiter garen bis die Kartoffeln gar sind. Mit Salz, Pfeffer und nach Belieben mit Cayennepfeffer und Korianderpulver abschmecken und mit den Kräutern bestreuen.

Fertig in ca. 30 Minuten.

1 Portion enthält ca.: 256 kcal · 7 g Fett · 30 g Kohlenhydrate · 18 g Eiweiß · 4 g Ballaststoffe · 130 mg Cholesterin

Eglifilets an Vanilla mit Chinesischen Nudeln und Kresse

Kerne in einer Pfanne anrösten bis sie anfangen zu duften. Zuckerschoten längs in dünne Streifen schneiden, Vanilleschote auskratzen und von der Zitrone die Schale abreiben, Saft auspressen. Schalotte fein hacken.

Öl und Schalottenwürfel in einer Pfanne kurz erhitzen und mit Zitronensaft ablöschen. Sofort Hitze reduzieren. Zitronenschale und Vanillemark zugeben und darauf die leicht gesalzenen und gepfefferten Eglifilets in die Pfanne geben. Bei kleiner Hitze die Filets darin beidseitig dämpfen bis der Fisch gar ist. Kurz vor dem Wenden die Zuckerschoten beigeben.

In der Zwischenzeit die Nudeln in leicht gesalzenem Wasser nach Packungsangabe kurz garen, abschütten, im noch heißen Topf die Butter schmelzen lassen, ¾ der Kresse beigeben und die Nudeln vorsichtig mit einer Fleischgabel unterheben.

Eglifilets herausnehmen, auf heißen Tellern anrichten. Fischfond kurz aufkochen und Sahne beigeben, unter Rühren aufkochen, bis die Sauce die gewünschte Konsistenz hat, mit Salz und Pfeffer abschmecken.

Die Eglifilets mit der Sauce nappieren, Sonnenblumenkerne darüber streuen und mit Hilfe einer Fleischgabel die Nudeln portionsweise aufrollen und auf dem Teller anrichten, mit der restlichen Kresse bestreuen.

Tipp: Anstatt Zitrone geht passt auch ein spritziger Weißwein.

Fertig in ca. 30 Minuten.

Felix Spezial für Leichter leben

1 Portion enthält ca.:

465 kcal

17 g Fett

41 g Kohlenhydrate

35 g Eiweiß

4 g Ballaststoffe

148 mg Cholesterin

Zutaten für 4 Portionen:

500 g	Eglifilets ohne Haut oder andere kleine Fischfilets z.B. Seezunge
1	Vanilleschote
2 EL	Rapsöl
1	Schalotte
100 g	Zuckerschoten
20 g	Sonnenblumenkerne
½	Zitrone (Schale und Saft)
100 ml	fettreduzierte Kochsahne 7%
200 g	Chinesische Eiernudeln (Mie Nudeln)
1 Beet	Kresse
20 g	Butter
	Salz
	Pfeffer aus der Mühle

Zutaten für 4 Portionen:

300 g	Halloumi Käse
150 g	Couscous
1 TL	Korianderpulver
1 TL	Kreuzkümmelpulver
½ TL	Chilipulver
1 TL	Zucker
240 g	gegrillte Paprikaschoten (Glas, Abtropfgewicht)
200 g	Zucchini
150 g	Cherrytomaten
30 g	schwarze Oliven
1	Zitrone (Schale und Saft)
30 g	Pistazienkerne
250 ml	Würzer Brühe
1 Bund	Rucola
½ Bund	Basilikum
	Salz, Pfeffer aus der Mühle

Halloumi mit mediterranem Couscous Salat M V

Halloumi in 1 cm breite Scheiben schneiden, kurz in kaltem Wasser einlegen, trockentupfen.

Zucchini in kleine Würfel schneiden, leicht salzen und pfeffern und in einer beschichteten Pfanne mit 1 TL Öl etwa 4 Minuten garen. Paprika abtropfen lassen und ebenfalls in kleine Würfel schneiden.

In einem passenden Topf den Couscous leicht anrösten, bis er anfängt zu glänzen, Korianderpulver, Kreuzkümmel, Chili, Zucker und ein wenig abgeriebene Zitronenschale zugeben und kurz mitrösten bis alles wunderbar duftet. Mit der Brühe auffüllen und zugedeckt bei kleiner Hitze etwa 15 Minuten ziehen lassen. Nach der Hälfte der Zeit die Pfanne vom Feuer nehmen.

In der Zwischenzeit den Halloumi in einem EL Öl mit den Cherrytomaten golden braten, nach dem Wenden die Pistazienkerne einstreuen.

Couscous mit den Paprika- und Zucchiniwürfeln, grob gehackten Oliven und in Streifen geschnittenen Basilikum vorsichtig mischen. Mit Salz und Pfeffer würzen.

Rucola waschen und auf vier Tellern verteilen, Couscous in vier Tassen geben, leicht anpressen und auf die Mitte der Teller stürzen. Käse mit den Cherrytomaten daneben verteilen, eventuell mit Basilikum dekorieren.

Fertig in ca. 30 Minuten.

1 Portion enthält ca.:

486 kcal
28 g Fett
34 g Kohlenhydrate
25 g Eiweiß
7 g Ballaststoffe
62 mg Cholesterin

Felix Spezial
für
Leichter leben

Hähnchen mit Sesamkruste auf Tomaten-Gurkensalat T M

Ofen auf 180°C vorheizen. Hähnchen kalt abbrausen und trocken tupfen. Eier verquirlen.

Fleisch leicht mit Salz und Pfeffer würzen, mit Mehl bestäuben, durch das Ei ziehen und mit dem Sesam panieren.

In einer beschichteten Pfanne mit 3 EL Öl die panierten Brustfilets beidseitig golden braten. Auf ein Blech geben und im vorgeheizten Ofen bei etwa 180°C 15 Minuten backen, warm stellen.

Tomaten und Gurke vierteln, entkernen und in 1 cm große Würfel schneiden, Zwiebel in feine Scheiben schneiden und die Hälfte des Korianders grob hacken.

Joghurt mit dem geriebenen Ingwer, Zitronensaft und Honig gut verrühren und mit Salz und reichlich Pfeffer abschmecken.

Tomaten, Gurken, Zwiebel und gehackten Koriander mit dem Joghurtdressing anmachen.

Eisbergsalat waschen und mit den Blättern vier Teller belegen, Tomaten-Gurkensalat auf den Blättern anrichten und Sesamschnitzel auf den Salat legen, mit Koriandergrün dekorieren. Nach Belieben auch eine frische Chili in den Salat geben.

Tipp: Das Hühnchen schmeckt auch kalt. Wer es scharf mag einfach Chilis nach Belieben dem Dressing beimischen.

Fertig in ca. 30 Minuten.

Felix Spezial
für
Leichter
leben

Zutaten für 4 Portionen:

600 g	Hähnchenbrustfilet
2	Eier
40 g	Mehl
80 g	Sesamsamen
3 EL	Rapsöl
125 g	Naturjoghurt 1,5%
2 EL	Zitronensaft
1 EL	Honig
2 TL	frisch geriebener Ingwer
1	Gurke
2	Fleischtomaten
1	rote Zwiebel
½ Bund	frischer Koriander ersatzweise glatte Petersilie
1 Kopf	Eisbergsalat
	Salz
	Pfeffer aus der Mühle

1 Portion enthält ca.: 480 kcal · 24 g Fett · 19 g Kohlenhydrate · 47 g Eiweiß · 5 g Ballaststoffe · 203 mg Cholesterin

Gefüllte Gurken mit Schweinefleisch und Seidentofu T M

Die Hälfte der Karotte fein raffeln, die Hälfte der Pilze und die Hälfte vom Knoblauch fein hacken und zusammen mit dem Fleisch, Sojasoße und der Austernsoße mischen, reichlich pfeffern, dann die Masse gut kneten. Ziehen lassen.

Die Gurken schälen und in etwa 4 cm große Stücke schneiden, die Kerne mit einem Apfelausstecher entfernen, nun die Gurken mit der Fleischmasse füllen, wichtig gut pressen dass die Füllung satt liegt. Mit der restlichen Masse einfach kleine Kugeln formen.

Die Brühe mit dem Knoblauch und dem grob zerschnittenen Selleriekraut aufkochen, Gurken und Kugeln in die Brühe geben und auf mittlerem Feuer leicht köcheln lassen.

In der Zwischenzeit restliche Karotte in dünne Stängel schneiden und die Pilze in Streifen. Seidentofu in 2 cm große Stücke schneiden.

Nach etwa 15 Minuten die Pilze, Karotte und Tofu beigeben und nochmals 10 Minuten köcheln lassen. Mit Salz und Pfeffer abschmecken, kurz vor dem Servieren feingeschnittene Frühlingszwiebeln einstreuen.

Fertig in ca. 30 Minuten.

Tipp: Optimales leichtes Gericht zum Mitnehmen und schnell aufwärmen.

Felix Spezial
für
Leichter
leben

1 Portion enthält ca.:

320 kcal

20 g Fett

9 g Kohlenhydrate

26 g Eiweiß

4 g Ballaststoffe

70 mg Cholesterin

Zutaten für 4 Portionen:

400 g	mageres Schweine-hackfleisch
2 EL	Sojasoße
1 EL	Austernsoße
4	Gartengurken
1	Karotte
100 g	Austernpilze
400 g	Seidentofu
4	Stängel Selleriekraut ersatzweise glatte Petersilie

4	Knoblauchzehen
4	Frühlingszwiebeln
600 ml	Würzer Brühe oder Hühnerbrühe
	Salz
	Pfeffer aus der Mühle

Rindersteak mit Kräutern und scharfen Chips

Currypaste mit den feingehackten Kaffirlimettenblättern und 3 Esslöffeln Öl in einer Schüssel gut vermischen. Backofen auf 200°C vorheizen.

Kräuter separat hacken, vier Petersilienzweige beiseite legen. Schalotten und Knoblauch hacken.

Kartoffeln schälen und mit dem Gemüsehobel in dünne Scheiben schneiden, mit lauwarmem Wasser waschen, mit Küchenpapier trockentupfen und mit der Öl-mischung in der Schüssel mischen, so dass die Chips beidseitig leicht mit Öl benetzt sind. Backofenrost mit Packpapier belegen und darauf die Chips einzeln verteilen, mit wenig Meersalz bestreuen und im Ofen bei 200°C etwa 12-15 Minuten backen.

Steaks leicht salzen und pfeffern und in einer Brat-pfanne mit dem restlichen Öl beidseitig anbraten, auf ein Ofenblech legen und im Ofen etwa 8 Minuten garen, das Fleisch sollte innen noch schön rosa sein.

In der Bratpfanne im Satz nun die gehackten Schalotten und Knoblauch andünsten, gehackten Rosmarin und Thymian beigeben, mit Weißwein und der Brühe ablö-schen, den gehackten Basilikum, Petersilie und Salbei einstreuen, aufkochen und ein wenig einreduzieren lassen, Butter und ein paar Tropfen Worcestersoße einrühren, mit Salz und Pfeffer abschmecken.

Steaks auf heiße Teller legen und mit dem Kräuter-wein beträufeln, Chips dazu servieren, mit Petersilie dekorieren.

Tipp: Kräuter nach Belieben ersetzen. Chips kann man nach eigenen Kreationen würzen, Kräutersalz, Paprika, Curry, 5 Gewürzmischung, Knoblauch, Zitrone usw.

Fertig in ca. 30 Minuten.

Felix Spezial für Leichter leben

Zutaten für 4 Portionen:

4	Rindersteaks a 150 g
5 EL	Öl z.B. Olivenöl
2	Schalotten
1	Knoblauchzehe
2	Zweige Rosmarin
4	Zweige Thymian
2	Zweige Basilikum
2	Zweige Salbei
½ Bund	Petersilie
100 ml	Weißwein
100 ml	 Würzer Brühe oder Hühnerbrühe
10 g	Butter
ein paar	Spritzer Worchester Shire Soße
600 g	große Kartoffeln, mehlig kochend
2 TL	rote Currypaste
4	Kaffirlimettenblätter, falls vorrätig
2 TL	Meersalz
	Pfeffer aus der Mühle

1 Portion enthält ca.:

487 kcal

24 g Fett

25 g Kohlenhydrate

37 g Eiweiß

2 g Ballaststoffe

79 mg Cholesterin

Hähnchenschnitzelchen auf Kohlrabi mit Rösti

Kohlrabi schälen und in Sticks oder Scheibchen schneiden, in einen Topf geben, salzen und eine Prise Zucker zugeben. Ziehen lassen, bis die Kartoffeln vorbereitet sind.

Kartoffeln schälen und raspeln, die Raspel in einem Küchentuch etwas ausdrücken, dann salzen, pfeffern und mit etwas Muskat abschmecken. Auf einem Teller 2 Rösti formen und andrücken.

Öl in einer beschichteten Pfanne erhitzen und die Rösti hineingleiten lassen. Etwa 5 Minuten auf einer Seite anbraten, dann wenden. Weitere 5 Minuten braten, dann mit Deckel und reduzierter Hitze fertig garen.

Die Butter zum Kohlrabi geben und den Kohlrabi etwa 15 Minuten im entstandenen Saft dünsten. Zum Schluss die Petersilie und die Kochsahne zugeben.

Fleisch waschen und trocken tupfen, in Scheibchen schneiden, mit Salz und Cayennepfeffer würzen, mit der Stärke bestreuen und in einer beschichteten Pfanne auf beiden Seiten kross braten.

Alles zusammen anrichten und nach Belieben mit etwas Lauchzwiebel dekorieren.

Fertig in ca. 30 Minuten.

Zutaten für 1 Portion:

150 g Hähnchenbrustfilet
      Salz, Cayennepfeffer
1 EL Stärke
1 TL Öl

150 g   Kohlrabi
1 Prise Zucker
        Salz
5 g   Butter
2 EL   fettreduzierte Kochsahne 7%
1 EL   gehackte Petersiie

150 g   mehlig kochende Kartoffeln
        Salz, Muskat, Pfeffer
1 TL   Öl

1   Lauchzwiebel nach Belieben

1 Portion enthält ca.:

471 kcal
16 g Fett
39 g Kohlenhydrate
42 g Eiweiß
4 g Ballaststoffe
110 mg Cholesterin

Kartoffeln in Petersilien-Senfsoße

Zutaten für 1 Portion:

1	Ei	100 ml	Milch 1,5%
300 g	Kartoffeln	2 TL	Senf (z.B. körniger)
1	Schalotte		
10 g	Butter		Salz, Pfeffer
10 g	Vollkornmehl		gehackte Petersilie
100 ml	Würzer Brühe		

Kartoffeln gar kochen, schälen und je nach Größe halbieren oder vierteln, es können auch gekochte Kartoffeln vom Vortag verwendet werden. Das Ei wachsweich kochen.

Schalotte fein würfeln und in der erhitzten Butter glasig dünsten. Das Mehl darüber stauben und ebenfalls anschwitzen. Brühe und Milch zugießen, dabei kräftig rühren, dass es keine Klümpchen gibt. Die Soße dann kurz köcheln lassen, bis die passende Konsistenz erreicht ist, wenn die Soße zu dickflüssig ist, noch etwas Brühe zugeben. Mit Salz, Pfeffer und Senf würzig abschmecken, Petersilie zugeben.

Die vorbereiteten Kartoffeln in die Soße geben und noch kurz Hitze nehmen lassen, dann alles zusammen mit dem gepellten Ei anrichten und mit Petersilie garnieren.

Fertig in ca. 30 Minuten.

1 Portion enthält ca.: 470 kcal · 16 g Fett · 61 g Kohlenhydrate · 18 g Eiweiß · 5 g Ballaststoffe · 244 mg Cholesterin

Zutaten für 4 Portionen:

4	Eier
100 g	Kartoffel
50 g	gemahlene Mandeln
50 ml	Milch 1,5%
5 g	Leichter leben Süßer
1 Prise	Salz
4 TL	Öl
500 g	Magerquark
2	Limetten (Saft)
50 ml	Milch 1,5%
20 g	Leichter leben Süßer
200 g	Heidelbeeren
100 g	Himbeeren

Mandelpfannkuchen mit Limetten-Quarkcreme V

Kartoffel schälen, fein reiben und zusammen mit den Eiern, den gemahlenen Mandeln, Milch, Salz und Leichter leben Süßer mit dem Handmixer gut verquirlen.

Teig (ist eher flüssig) in 4 Portionen teilen. Jeweils eine Portion Teig in 1 TL erhitztem Öl in einer mittelgroßen beschichteten Pfanne zum Pfannkuchen braten.

Limettensaft auspressen und mit Quark, Milch und Leichter leben Süßer zur Quarkcreme rühren.

Beeren verlesen und waschen, mit dem Quark vermengen die die Pfannkuchen damit füllen.

Schmeckt warm und kalt.

Fertig in ca. 30 Minuten.

1 Portion enthält ca.: 346 kcal · 17 g Fett · 23 g Kohlenhydrate · 28 g Eiweiß · 5 g Ballaststoffe · 220 mg Cholesterin

Gebratener Grünspargel mit pochiertem Ei und asiatischer Tomatensalsa V

Kartoffeln gründlich waschen und in Salzwasser knackig kochen, ableeren und Kartoffeln mit der Schale in 1 cm grosse Würfel schneiden.

Beim Spargel das untere Drittel mit einem Sparschäler schälen, hölzerne Enden abschneiden.

Tomaten vierteln und Kerne entfernen. Tomatenfleisch in kleine Würfel schneiden. Schalotten feinschneiden, so wenig wie möglich hacken. Tomatenwürfel mit Schalotten, Limettensaft je nach Belieben und der Chilisauce anmachen. Gehackte Korianderblätter beigeben und mit Salz und Pfeffer abschmecken.

2 Liter Wasser, Essig und ein wenig Salz in einer Pfanne zum Kochen bringen. Die noch kalten Eier in je eine Tasse vorsichtig, ohne das Eigelb zu verletzen, aufschlagen. Die Eier einzeln nacheinander am Pfannenrand in das ein wenig kochende Wasser

gleiten lassen. Sofort mit zwei Suppenlöffel die Eier im Wasser halten, so dass die Eier nicht die Form verlieren, nach etwa 2 Minuten sollte das Ei so fest gestockt haben, dass das Ei drei weitere Minuten ohne Hilfe fertig garen kann, so mit jedem Ei verfahren, vorsichtig mit einer Schaumkelle herausheben und warm stellen.

Öl in einer Bratpfanne erhitzen und darin den gesalzenen Spargel portionsweise braten bis der Spargel knackig ist, so in etwa je nach Spargel 2-4 Minuten, herausnehmen und warm stellen.

Kartoffeln in die selbe Bratpfanne geben und im Bratsatz leicht anbraten, gehackte Rucolablätter zugeben, kurz mitbraten und mit Salz und Pfeffer abschmecken.

Auf heißen Tellern den Spargel fächerförmig anrichten, in der Tellermitte auf den Spargelenden die Kartoffeln, pochiertes Ei auf die Kartoffeln betten und mit der Salsa nappieren.

Tipp: Anstatt Rucola kann man zum Beispiel Sauerampfer verwenden oder frischen Brennesselspinat.

Fertig in ca. 30-40 Minuten, je nach Kartoffelgarzeit

Zutaten für 4 Portionen:

600 g	grüner Spargel
3 EL	Olivenöl
2	Fleischtomaten
2	Schalotten
1-2	Limetten (Saft)
2 EL	süße Chilisauce
½ Bund	frischer Koriander, ersatzweise glatte Petersilie
800 g	junge Kartoffeln
1 Bund	Rucola, grob gehackt
4	Eier
8 EL	Weißweinessig

Salz, Pfeffer aus der Mühle

Felix Spezial
für
Leichter
leben

1 Portion enthält ca.:

366 kcal

15 g Fett

41 g Kohlenhydrate

15 g Eiweiß

7 g Ballaststoffe

218 mg Cholesterin

Kalbsröllchen mit Zucchini- und Nussfüllung auf Oliven-Kartoffelstampf

Kartoffeln schälen und in etwa 2 cm große Würfel schneiden und zusammen mit 2 geschälten Knoblauchzehen auf dem Siebeinsatz etwa 15–18 Minuten weich dämpfen.

Zucchini mit einem Hobel in dünne Scheiben hobeln. Nüsse mischen und grob hacken. 4 Salbeispitzen beiseite stellen, den Rest zupfen. Parmesan in kleine Stäbchen schneiden. Schalotten und 2 Knoblauchzehen hacken, Tomaten entkernen und in kleine Würfel schneiden.

Pfanne erhitzen und darin kurz die Nüsse rösten bis sie leicht Farbe angenommen haben, Nüsse beiseite stellen. In der gleichen Pfanne nun bei nicht allzu großer Hitze mit einem Esslöfel Öl die Zucchini anbraten bis sie al dente sind. Auch beiseite stellen.

Kalbsschnitzel auf einer Seite mit Salz und Pfeffer würzen und mit der gewürzten Seite nach unten auf die Arbeitsfläche legen. Nun zuerst mit den Zucchinischeiben, dann mit der Nussmischung belegen, es sollte noch 1 cm Rand rundherum frei bleiben.

Parmesan und Salbei obendrauf und sachte satt aufrollen, mit einem kleinen Holzspieß fixieren.

In einer beschichteten Bratpfanne nun die Fleischrollen mit 1 EL Öl ringsherum anbraten, Fleisch kurz herausnehmen und in der Bratflüssigkeit nun die gehackten Zwiebeln und Knoblauch anschwitzen, Tomaten beigeben, kurz ziehen lassen und mit dem Portwein ablöschen. Fleisch wieder zugeben, eventuell übrigen Salbei hinzufügen und etwa 10 Minuten zugedeckt schmoren lassen. Mit Salz und Pfeffer abschmecken.

Die gedämpften Kartoffeln mit einer Gabel zerstampfen, gehackte Oliven und Frühlingszwiebeln untermischen und mit Salz und Pfeffer abschmecken.

Stampf auf die Mitte der heißen Teller geben, Fleischrollen halbieren und an den Stock anrichten, so hinlegen dass man die Füllung sieht. Mit Salbei dekorieren.

Fertig in ca. 35 Minuten.

1 Portion enthält ca.: 516 kcal · 24 g Fett · 31 g Kohlenhydrate · 38 g Eiweiß · 6 g Ballaststoffe · 85 mg Cholesterin

Zutaten für 4 Portionen:

4	dünne Kalbsschnitzel a 125 g
1	Zucchini
20 g	Walnüsse
20 g	Haselnüsse
20 g	Pistazien
1 Bund	Salbei
60 g	Parmesan
2 EL	Olivenöl
2	Schalotten
4	Knoblauchzehen
2	Tomaten
80 ml	Portwein
600 g	Kartoffeln mehlig kochend
1 Bund	Frühlingszwiebeln
60 g	schwarze Oliven entsteint
	Salz, Pfeffer aus der Mühle

Birnenauflauf V

Ofen auf 170°C vorheizen.

Die Eier trennen und das Eiweiß mit einer Prise Salz steif schlagen.

Eigelb, Butter, Leichter leben Süßer und etwas ausgekratztes Vanillemark schaumig rühren, Quark, 1 EL Zitronensaft, abgeriebene Zitronenschale, Milch und Grieß unterrühren.

Birnen vierteln, entkernen, schälen, in dünne Schnitze schneiden und mit 2 EL Zitronensaft beträufeln. Eischnee und Birnen unter die Quarkmasse ziehen und alles in eine ungefettete Auflaufform füllen. Die Mandelblättchen darauf streuen und den Auflauf bei 170°C Umluft etwa 30-40 Minuten backen.

Schmeckt warm und kalt und geht auch mal als Kuchenersatz. Statt Birnen schmecken auch Äpfel, Pfirsich oder Zwetschgen.

Fertig in ca. 45 Minuten.

Zutaten für 4 Portionen:

2	Eier
1 Prise	Salz
60 g	Butter
55 g	Leichter leben Süßer
etwas	Vanillemark
500 g	Magerquark
1	Bio Zitrone (Schale und Saft)
125 ml	Milch 1,5%
80 g	Grieß, Hartweizen
500 g	Birnen
20 g	Mandelblättchen

1 Portion enthält ca.: 424 kcal · 19 g Fett · 50 g Kohlenhydrate · 25 g Eiweiß · 6 g Ballaststoffe · 145 mg Cholesterin

Gebackenes Kabeljaufilet mit Kräutern auf Topinamburpüree

Walnüsse und Haselnüsse in ein ofenfestes Gefäß geben und bei 180°C etwa 10-15 Minuten im Ofen anrösten, herausnehmen, in ein Küchentuch geben und durch leichtes Reiben die Haut soweit möglich entfernen. Grob zerkleinern. Ofen nicht ausschalten.

Topinambur und Kartoffeln schälen, in Würfel schneiden und in der Milch zusammen mit den geschälten Knoblauchzehen bei mittlerer Hitze weich kochen. Milch ableeren und beiseite stellen, wird noch verwendet.

Knoblauch, Kartoffeln und Topinambur mit einer Gabel gut zerdrücken und wieder soviel von der Milch zugeben bis die Konsistenz püreeartig ist. Grob gehackte Petersilienblätter, Butter und ein wenig von der gehackten Zitronenschale untermischen. Mit Salz und Pfeffer abschmecken. Warm stellen.

Fisch waschen und trocken tupfen und in eine flache Auflaufform legen. Salzen und pfeffern und die Oberseite dünn mit Senf bestreichen.

Tomaten in dünne Scheiben schneiden und damit den Fisch belegen. Kräuter und Chili hacken und mit dem Olivenöl vermischen. Kräutermischung auf den Tomaten auf dem Fisch verteilen. Nüsse darüber streuen.

Weißwein, Zitronensaft und Brühe auf den Boden der Auflaufform gießen, eventuell übriggebliebene Tomaten in kleine Würfel schneiden und ebenfalls auf dem Boden verteilen. Mit einer Gabel den Fisch ein wenig anheben, so dass von der Flüssigkeit auch ein wenig unter den Fisch gelangt.

Im vorgeheizten Ofen bei 180°C etwa 12-15 Minuten backen, bis der Kabeljau innen noch zart glasig ist.

Topinamburpüree auf der Mitte der Teller portionsweise anrichten und je ein Steak darauf betten, mit der Flüssigkeit beträufeln.

Tipp: Schmeckt auch mit anderen Fischsorten, z.B. mit Schwertfischsteak. Lassen Sie sich beim Schwertfisch kaufen unbedingt vom Fischhändler wegen der Qualität und Herkunft beraten.

Fertig in ca. 40 Minuten.

1 Portion enthält ca.: 463 kcal · 23 g Fett · 24 g Kohlenhydrate · 37 g Eiweiß · 21 g Ballaststoffe · 59 mg Cholesterin

Zutaten für 4 Portionen:

600 g	Kabeljaufilet oder -steaks küchenfertig
1-2 TL	Dijon Senf
50 g	Walnüsse
20 g	Haselnüsse
1	Chilischote
4	Salbeiblätter
2	Basilikumzweige
4	Oreganozweige
1	Thymianzweig
4	Zweige glatte Petersilie
2 EL	Olivenöl
200 g	Tomaten
50 ml	Weißwein
20 ml	leichte Würzer Brühe
	Saft von ½ Zitrone
600 g	Topinambur
300 g	mehlige Kartoffeln
2	Knoblauchzehen
400 ml	Milch 1,5%
10 g	Butter
¼ Bund	glatte Petersilie
etwas	Zitronenschale
	Salz, Pfeffer aus der Mühle

Grillierter mediterraner Meeresfrüchtesalat [T]

Calamari in Ringe schneiden, Riesengarnelen mit einem scharfen Messer den Rücken aufschneiden bis zum Bauch, so dass die beiden Hälften noch am Schwanz und Kopf miteinander verbunden sind und man sie wie einen Schmetterling aufklappen kann, Darm entfernen. Muscheln leicht mit Wasser abspülen. Alle Meeresfrüchte in einer Schüssel mit einem Esslöffel Öl, dem feingehackten Knoblauch und Thymian mischen und kurz marinieren.

Zucchini in Scheiben schneiden und grillen bis sie gar sind. Cherrytomaten kurz grillen bis sie anfangen weich zu werden. Artischocken abtropfen lassen, sechsteln und mit dem grillierten Gemüse in eine Schüssel geben. Paprika abtropfen lassen, in Streifen schneiden und dazu geben.

Jetzt nach und nach die Meeresfrüchte grillen und zum Gemüse geben.

Zwiebel und Petersilie hacken und mit den entsteinten und halbierten Oliven über den Salat geben. Salat mit 2 EL Öl und Saft von einer halben Zitrone anmachen und mit Salz und Pfeffer würzen.

Auf vier Tellern Kopfsalatblätter verteilen, mit Rucola belegen und den Meeresfrüchtesalat darauf anrichten. Zitronenschnitze dazu servieren.

Felix Spezial für **Leichter leben**

Zutaten für 4 Portionen:

200 g	Calamari (Tintenfischtuben) küchenfertig
8	Riesengarnelen
200 g	Jakobsmuscheln
1	Knoblauchzehe
2	Thymianzweige
150 g	eingelegte Artischocken (Abtropfgewicht)
2	kleine Zucchini
250 g	gegrillte Paprika (Glas, Abtropfgewicht)
150 g	Cherrytomaten
1	rote Zwiebel
20 g	schwarze Oliven
2	Zitronen
3 EL	kalt gepresstes Olivenöl
1 Bund	glatte Petersilie
1 Bund	Rucola
1 Kopf	Kopfsalat

Salz, Pfeffer aus der Mühle

Tipp: Die Zubereitung kann auch auf dem Elektrogrill oder am Herd mit einer Grillpfanne erfolgen.

Fertig in ca. 40 Minuten.

1 Portion enthält ca.: 270 kcal · 12 g Fett · 14 g Kohlenhydrate · 25 g Eiweiß · 9 g Ballaststoffe · 263 mg Cholesterin

Gratin mit Nudeln und Lachs

Die Nudeln nach Packungsanweisung in Salzwasser garen, abgießen und abtropfen lassen.

Backofen auf 200°C vorheizen.

Fisch waschen, trocken tupfen, mit Zitronensaft beträufeln, salzen und pfeffern und in große Würfel schneiden.

Zucchini und Paprika waschen, putzen und in sehr kleine Würfel schneiden. Getrocknete Tomaten waschen und ebenfalls in sehr kleine Würfel schneiden. Mozzarella würfeln.

Die Butter in einem Topf erhitzen und das Gemüse darin andünsten. Nach ca. 2 Minuten das Mehl darüber stauben und mit dem Wein ablöschen, dann Brühe und Milch zugießen, salzen, pfeffern und etwas köcheln lassen.

Nudeln, Soße und Lachswürfel in eine Auflaufform geben und mit den Mozzarellawürfeln bestreuen. Im vorgeheizten Ofen ca. 15 Minuten überbacken, bis der Fisch gar und der Käse zerlaufen ist.

Die Frühlingszwiebeln in Ringe schneiden und vor dem Servieren über den Auflauf streuen.

Fertig in ca. 40 Minuten.

Zutaten für 4 Portionen:

250 g	Vollkornnudeln (z.B. Hörnchen)
400 g	Lachsfilet (frisch oder TK, aufgetaut)
1 EL	Zitronensaft
	Salz, Pfeffer
2	rote Paprikaschoten
300 g	Zucchini
30 g	getrocknete Tomaten
20 g	Butter
20 g	Mehl
100 ml	Weißwein
500 ml	Leicht & Lecker Würzer Brühe
200 ml	Milch 1,5%
	Salz, Pfeffer
250 g	Mozzarella 8,5%
2	Frühlingszwiebeln

1 Portion enthält ca.: 593 kcal · 20 g Fett · 50 g Kohlenhydrate · 49 g Eiweiß · 10 g Ballaststoffe · 61 mg Cholesterin

Seeteufelspieß mit Speck auf Lemon-Ratatouille

Das Brot in 8 Stück 3 cm große Würfel schneiden und mit Speck umwickeln, so dass nur die Außenseite bedeckt ist.

Seeteufel in 3 cm große Stücke schneiden und ein wenig mit Salz und Pfeffer würzen. Ofen auf 170°C vorheizen.

Auf jeden Spieß zuerst ein Seeteufelmedaillon, dann ein Speckbrot und ein Salbeiblatt aufstecken, dann noch einmal die gleiche Reihenfolge und zum Abschluss nochmals ein Fischstück auf den Spieß stecken.

Paprikaschote entkernen und schälen und mit der Aubergine und der Zucchini in kleine Würfel schneiden. Knoblauch und Zwiebel hacken und die Oliven klein schneiden. Tomate entkernen und in Würfel schneiden. Zitrone gut waschen und Schale mit einer feinen Raffel abreiben ohne zuviel der weißen Haut.

Fischspieße im Olivenöl anbraten bis der Speck Farbe annimmt, dann aus der Pfanne nehmen und auf einem Backblech etwa 8 Minuten im vorgeheizten Ofen bei 170°C fertig garen.

Nun in der Bratpfanne Knoblauch und Zwiebel anbraten, Paprika, Aubergine und Zucchini beigeben und alles gut anbraten bis die Aubergine gar ist.

Oliven, Tomatenwürfel, Thymian und die Zitronenschale beigeben und kurz mitschwenken.

Sojasauce, süße Chilisauce und den Balsamico beigeben. Mit ein paar Tropfen Zitronensaft je nach Belieben und mit Salz und Pfeffer abschmecken. Kurz durchziehen lassen.

Mit Hilfe eines runden Ausstechers, das Ratatouille auf dem Teller schön anrichten. Das Ratatouille mit einem Löffel in den Ausstecher füllen und ein wenig anpressen so dass ein kleiner Turm entsteht, Ring entfernen, dann den Seeteufelspieß am Gemüse vorsichtig anlehnen und mit Basilikum ausgarnieren. Restliches Baguette dazu reichen.

Tipp: Das Brot saugt den Bratsaft des Fisches auf und man spart auch noch vom Fisch.

Fertig in ca. 40 Minuten.

1 Portion enthält ca.: 415 kcal · 11 g Fett · 45 g Kohlenhydrate · 32 g Eiweiß · 10 g Ballaststoffe · 40 mg Cholesterin

Zutaten für 4 Portionen:

500 g	Seeteufelfilet
8	dünne Scheiben Schinkenspeck
350 g	Vollkornbaguette
8	Salbeiblätter
4	große Holzspieße
2 EL	Olivenöl
1	Aubergine
1	gelbe Paprikaschote
1	Zucchini
1	Tomate
30 g	schwarze Oliven ohne Stein
1	Zwiebel
1	Knoblauchzehe
1	Bio-Zitrone (Schale und Saft)
1 EL	helle Sojasauce
2 EL	süße Chilisauce
2 TL	Balsamico Essig
1	Zweig Thymian
2	Zweige Basilikum
	Salz, Pfeffer aus der Mühle

Ofengebackene Rotbrasse auf Süßkartoffeln

Fische waschen und auf beiden Seiten die Haut schräg einschneiden, mit den Blättern der Selleriestange und dem Basilikum füllen, salzen und pfeffern. Ofen auf 180°C vorheizen.

Süßkartoffeln gut waschen, in 5 mm dünne Scheiben schneiden und in Eiswasser legen. Ingwer schälen und mit der Zwiebel, Knoblauch, Chili und der Sellerie-stange scheibeln.

Kartoffelscheiben ableeren und ein wenig trocken tupfen. Backofenblech mit einem Löffel Olivenöl ein-pinseln. Kartoffeln, Zwiebel, Knoblauch, Sellerie und die Chilis darauf verteilen. Grob zerzupfte Limetten-blätter darüber streuen, ein wenig salzen und pfeffern. Fische auf das Gemüse betten und mit dem restlichen Öl, dem Wein und Honig beträufeln.

Im vorgeheizten Ofen bei etwa 180°C 20 Minuten backen, die letzten 5 Minuten die Temperatur auf 200°C erhöhen.

Tipp: Anstatt Thai Basilikum können Sie auch normalen Basilikum nehmen oder probieren Sie einfach Ihre eigene Kräutermischung. Bei der Süßkartoffel kann auch die Schale verzehrt werden.

Fertig in ca. 40 Minuten.

Zutaten für 4 Portionen:

4	Rotbrassen oder Doraden pfannenfertig
600 g	Süßkartoffeln
1	große Zwiebel
1	Knoblauchzehe
40 g	frischer Ingwer
1	Selleriestange mit Kraut
2	Chilischoten
6	Kaffirlimettenblätter
4	Zweige Thai Basilikum
3 EL	Olivenöl
50 ml	Weißwein trocken
1 TL	Honig

Salz, Pfeffer aus der Mühle

1 Portion enthält ca.:

491 kcal
24 g Fett
40 g Kohlenhydrate
27 g Eiweiß
6 g Ballaststoffe
84 mg Cholesterin

Kanincheneintopf mit Kürbis und Linsen

Linsen etwa eine halbe Stunde wässern, dann abgießen.

Haselnüsse grob hacken und in einer Pfanne ohne Fettzugabe rösten. Knoblauch und Chili hacken, Datteln entsteinen.

Kürbis schälen und in etwa 1,5 cm große Würfel zerkleinern. Kaninchen in etwa 40 g schwere Stücke schneiden.

In einem Topf zwei EL Öl erhitzen und darin das Fleisch portionsweise gut anbraten, herausnehmen. Im restlichen Öl den Knoblauch und den Chili golden braten, Kürbis beigeben, mitanziehen, Kreuzkümmel und Koriander beigeben und mit dem Mehl bestäuben, kurz mitanschwitzen. Mit der Brühe auffüllen. Fleisch mit Saft wieder beigeben kurz aufkochen.

Haselnüsse, Datteln und abgeschüttete Linsen zugeben und etwa 10 Minuten bei mittlerer Hitze kochen.

Mango schälen, entsteinen, Fruchtfleisch in kleine Würfel schneiden und mit den feingeschnittenen Frühlingszwiebeln unter den Eintopf heben, mit Salz und reichlich Pfeffer abschmecken.

Tipp: Anstatt Datteln schmecken auch Dörrpflaumen, statt Kaninchen schmeckt auch Hühnchenbrust.

Fertig in ca. 40 Minuten.

Zutaten für 4 Portionen:

750 g	Kaninchenfilets
500 g	Kürbis
2 EL	Mehl
3 EL	Öl z.B. Olivenöl
2	Knoblauchzehen
2	Chilischoten
2 TL	Kreuzkümmel gemahlen
2 TL	Koriander gemahlen
800 ml	Würzer Brühe oder Hühnerbrühe
80 g	Datteln
30 g	Haselnüsse
100 g	rote Linsen
1	Mango
1 Bund	Frühlingszwiebeln

Salz, Pfeffer aus der Mühle

1 Portion enthält ca.: 563 kcal · 20 g Fett · 44 g Kohlenhydrate · 52 g Eiweiß · 11 g Ballaststoffe · 152 mg Cholesterin

Curry mit Hühnchen und Kartoffeln

Ofen auf 200°C vorheizen. Schenkel am Gelenk durchschneiden, salzen und pfeffern, Haut einstechen, dass überschüssiges Fett abfließen kann und im vorgeheizten Ofen bei 200°C auf einem Blech etwa 20 Minuten backen.

Beide Kartoffelsorten ungeschält knapp weichkochen, schälen und vierteln.

Knoblauch hacken, Zwiebel und Lauch in halbe Ringe schneiden und im Öl in einem Topf gut anschwitzen. Tomate entkernen, würfeln und mit der Currypaste zum Bratgut geben, kurz anschwitzen, mit Kochsahne und Brühe auffüllen, aufkochen und bei mittlerer Hitze einreduzieren.

Hühnchen und die Kartoffeln in die Sauce geben und nochmals etwa 10 Minuten garen lassen.

In einer beschichteten Pfanne Cashewnüsse anrösten, im letzten Moment Rosmarin beigeben, kurz mitschwenken bis der Rosmarin anfängt zu duften und alles zu dem Curry geben. Den Eintopf mit Salz und ein wenig Pfeffer abschmecken.

Fertig in ca. 40 Minuten.

Zutaten für 4 Portionen:

500 g	Hühnchenschenkel
400 g	Kartoffeln festkochend
200 g	Süßkartoffeln
1 EL	Rapsöl
2	Knoblauchzehen
1	Zwiebel
150 g	Lauch
1	große Tomate
100 ml	fettreduzierte Kochsahne 7%
200 ml	*Leichter Leben* Würzer Brühe
1-2 EL	Massaman Currypaste oder rote Currypaste
40 g	Cashewnüsse
2	Rosmarinzweige

Salz, Pfeffer aus der Mühle

Felix Spezial für Leichter leben

Schmeckt auch mit Lamm- oder Rindfleisch.

1 Portion enthält ca.: 482 kcal · 24 g Fett · 36 g Kohlenhydrate · 29 g Eiweiß · 5 g Ballaststoffe · 112 mg Cholesterin

Kalbspaillard an Zitronenpfeffer auf Kartoffel Gurken Salat

Gurke waschen, streifenartig schälen, längs halbieren und in Scheiben schneiden, salzen und stehen lassen.

Kartoffeln in Salzwasser etwa 20-25 Minuten je nach Größe kochen bis sie gar sind.

Inzwischen Zwiebel in dünne Streifen schneiden und Schnittlauch in Röllchen.

Rotweinessig mit dem Rapsöl und Senf verrühren. Zwiebeln und Schnittlauch untermischen.

Kartoffeln abgießen, noch heiß pellen und in 0,5 cm dicke Scheiben schneiden und noch so heiß wie möglich zu den Gurken und der entstandenen Flüssigkeit mischen, etwas durchziehen lassen bis die Kartoffeln die Flüssigkeit aufgesogen haben. Dressing beigeben und mit Salz und Pfeffer abschmecken.

Kalbsschnitzel in einen großen Vakuumbeutel, der auf einer Seite aufgeschnitten ist, legen und mit der flachen Klinge eines schweren Messers vorsichtig flachklopfen, ohne dass das Fleisch zerreißt.

In einem Mörser die Pfefferkörner mit der abgeriebenen Zitronenschale zerdrücken.

Kalbspaillard mit dem Zitronenpfeffer und ein wenig Salz würzen, mit dem Olivenöl und dem grob zerpflückten Thymian kurz marinieren.

In einer heißen Pfanne oder auf dem Grill kurz beidseitig braten.

Noch heiß mit dem Kartoffelsalat servieren.

Fertig in ca. 40 Minuten.

Paillard ist ein sehr dünn plattiertes Stück Fleisch, kann man auch vom Lamm oder Rind zubereiten.

1 Portion enthält ca.: 372 kcal · 17 g Fett · 25 g Kohlenhydrate · 29 g Eiweiß · 3 g Ballaststoffe · 70 mg Cholesterin

Zutaten für 4 Portionen:

4	Kalbsschnitzel a 120 g
2 EL	schwarzer Pfeffer
½	Zitrone (abgeriebene Schale)
2	Thymianzweige
2 EL	Öl z.B. Olivenöl
500 g	Kartoffeln festkochend
1	große Salatgurke
1 Bund	Schnittlauch
1	kleinere Zwiebel
3 EL	Rapsöl
3 EL	Rotweinessig
2 EL	grober Senf
	Salz
	Pfeffer aus der Mühle

Zutaten für 4 Portionen:

250 g	getrocknete Kichererbsen
150 g	Karotten
200 g	Zucchini
1	Aubergine
1-2	Chilischoten
4	Tomaten
2	Oreganozweige oder
	1 TL Oregano Blättchen
1	Zwiebel
3	Knoblauchzehen
3 EL	Öl z.B. Olivenöl
100 g	Tomatenmark
1 TL	Kurkuma / Gelbwurz
2 TL	Kreuzkümmel gemahlen
1 TL	Koriander gemahlen
500 ml	Würzer Brühe
	Salz, Pfeffer aus der Mühle

Fertig in ca. 40 Minuten ohne Einweichzeit.

Kichererbseneintopf mit Gemüse T V

Am Abend davor die Kichererbsen in reichlich kaltem Wasser einweichen.

Kichererbsen gut abschütten. Karotten, Zucchini und Aubergine in 2 cm große Stücke schneiden. Chili, Knoblauch und die Zwiebel fein hacken. Tomaten entkernen und in Würfel schneiden.

In einem großen Topf das Öl erhitzen und darin Karotten, Zwiebeln, Knoblauch und Chili anbraten, Kichererbsen zugeben, kurz mitbraten, dann Oregano, Tomatenmark, Kurkuma, Kreuzkümmel und Koriander zugeben, kurz mitbraten bis die Gewürze anfangen zu duften, dann mit der Brühe auffüllen und etwa 15 Minuten zugedeckt bei mittlerer Hitze schmoren.

Zucchini und Auberginen beigeben und weiter schmoren bis das Gemüse bissfest ist. Tomaten beigeben und bei kleiner Hitze nochmals 5 Minuten ziehen lassen, mit Salz und Pfeffer abschmecken.

1 Portion enthält ca.: 248 kcal · 12 g Fett · 26 g Kohlenhydrate · 9 g Eiweiß · 8 g Ballaststoffe · 0 mg Cholesterin

Rippchen-Eintopf mit Kartoffeln

Zutaten für 4 Portionen:

1 kg	kurze Schweine-rippchen	2 EL	Sojasoße
2 l	leichte  Würzer Brühe oder Hühner-brühe	½ Bund	Selleriekraut
		½ Bund	Koriander frisch, ersatzweise glatte Petersilie
600 g	Kartoffeln festkochend	3	Frühlingszwiebeln
4	Knoblauchzehen		Salz, Pfeffer aus der Mühle
250 g	Shiitake Pilze		

Rippchen in einzelne Rippchenstücke schneiden und in der Brühe etwa 10 Minuten auf mittlerer Hitze gar kochen.

In der Zwischenzeit Kartoffeln schälen und in etwa 2 cm große Würfel schneiden, Pilze je nach Größe halbieren oder vierteln. Knoblauchzehen schälen.

Kartoffeln, Pilze und den Knoblauch zum Fleisch geben und nochmals etwa eine halbe Stunde kochen, mit reichlich Pfeffer, Salz und Sojasoße abschmecken.

Kräuter mischen und grob zerhacken, Frühlingszwiebeln in Ringe schneiden und alles erst am Tisch zur Suppe geben.

Fertig in ca. 45 Minuten.

Eintopf wird beim Aufwärmen immer besser.

1 Portion enthält ca.: 566 kcal · 21 g Fett · 44 g Kohlenhydrate · 50 g Eiweiß · 4 g Ballaststoffe · 120 mg Cholesterin

Kalbssteak mit Pilzen und gebratener Quitte auf Rösti

Quitte kurz heiß waschen und die pelzige Oberfläche abreiben. Quitte längs achteln, das Kerngehäuse großzügig herausschneiden, Quitte nicht schälen. Quittenspalten in Olivenöl bei starker Hitze kurz goldbraun anbraten. Honig und Süßwein zugeben, salzen, grob pfeffern und aufkochen lassen. Alles in einer feuerfesten Form im vorgeheizten Ofen bei 170°C etwa 30 Minuten garen. Nach 20 Minuten grob zerpflückten Salbei zugeben.

Kalbssteaks würzen und im Olivenöl beidseitig gut anbraten. In einer ofenfesten Form je nach Dicke des Fleisches etwa 15 Minuten bei 170°C im Ofen garen.

Olivenöl in einer kleinen Pfanne erhitzen, gehackte Zwiebel und Knoblauch anschwitzen. Geputzte Pilze zugeben und heiß braten. Mit dem Süßwein ablöschen und mit der Sahne auffüllen. Petersilie einstreuen und mit Salz und Pfeffer abschmecken. Eventuell Saft der Steaks untermischen.

Kartoffeln, am besten bereits am Vortag gekocht, schälen, grob raspeln und mit Salz, Pfeffer und Muskat würzen. 10 g Butter in einer beschichteten Pfanne erhitzen. Kartoffelraspeln darin zu einem Fladen formen, fest auf den Pfannenboden drücken und bei mittlerer Hitze 5 Minuten braten. Rösti auf einen Deckel oder großen Teller gleiten lassen. Die restlichen 10 g Butter in die Pfanne geben und Rösti umgedreht vorsichtig hineingleiten lassen und weitere 5 Minuten bei niedriger Hitze fertig braten.

Fertig in ca. 45 Minuten.

Felix Spezial für Leichter leben

Zutaten für 4 Portionen:

1	große Quitte
1 EL	Olivenöl
2 EL	Honig
150 ml	Süßwein z.B. Portwein oder Sherry
2	Stängel Salbei

4	Kalbssteaks a 150 g (Nierstück)
1 EL	Olivenöl
½	Zwiebel, gehackt
½	Knoblauchzehe, gehackt
100 g	Pilze je nach Saison
1 EL	Olivenöl
2 EL	Süßwein, z.B. Sherry
100 ml	fettreduzierte Kochsahne 15%
2 EL	glatte Petersilie, gehackt

400 g	gekochte Kartoffeln
	Muskat
20 g	Butter

Salz, Pfeffer aus der Mühle

1 Portion enthält ca.:

504 kcal
21 g Fett
35 g Kohlenhydrate
36 g Eiweiß
5 g Ballaststoffe
129 mg Cholesterin

Geschmorte Kalbsscheibchen auf Polenta

Backofen auf 160°C vorheizen.

Polenta nach Packungsanweisung mit Milch und Wasser garen, geriebenen Parmesan unterrühren, mit Salz, Pfeffer und Muskat abschmecken und warm stellen. Falls Instantpolenta verwendet wird, diese erst später zubereiten, wenn das Gemüse fast fertig ist.

Das Fleisch waschen und trocken tupfen und in fingerdicke Scheiben schneiden. Fleischscheiben in einem backofenfesten Topf anbraten, herausnehmen.

Gemüse für die Soße vorbereiten, Zwiebel hacken, Karotte und Sellerie klein würfeln. Im verbliebenen Öl anbraten, Tomatenmark zugeben und mit Weißwein und Brühe auffüllen.

Fleisch in den Topf in die Soße legen, Deckel auf den Topf legen und im Ofen bei 160°C mild schmoren bis die Polenta und das Karotten-Bohnen-Gemüse fertig sind.

Karotten schälen und in Stücke schneiden, Bohnen putzen und mundgerecht vorbereiten. Die gehackte restliche Zwiebel in der Butter andünsten, Karotten und Bohnen zugeben, bodenbedeckt Wasser zufügen, salzen, Bohnenkraut und Petersilie zugeben und zugedeckt 15-20 Minuten leicht dünsten.

Fleisch herausnehmen, die Soße nach Belieben pürieren, bei Bedarf nachwürzen und zusammen mit dem Fleisch, der Polenta und dem Gemüse anrichten.

Fertig in ca. 45 Minuten.

1 Portion enthält ca.:

479 kcal

14 g Fett

50 g Kohlenhydrate

34 g Eiweiß

8 g Ballaststoffe

97 mg Cholesterin

Zutaten für 4 Portionen:

500 g	Kalbsfleisch, z.B. Meiserl
1 EL	Öl zum Anbraten

½	Zwiebel
100 g	Karotte
100 g	Sellerie
2 EL	Tomatenmark
50 ml	Weißwein
400 ml	 Würzer Brühe

Gemüse:

½	Zwiebel
200 g	Karotten
400 g	grüne Bohnen
10 g	Butter
1 TL	Bohnenkraut
1 EL	gehackte Petersilie

200 g	Polenta Grieß
50 ml	Milch 1,5%
800 ml	Wasser je nach Grießsorte
30 g	Parmesan

Salz, Pfeffer, Muskat

Zutaten für 4 Portionen:

200 g	Gerstengraupen
1	Zwiebel
200 g	Karotten
50 g	Knollensellerie
100 g	Erbsen TK
1 EL	Öl
100 ml	Weißwein
700 ml	*Leichter Leben* Würzer Brühe
	Salz
	Pfeffer aus der Mühle
40 g	geriebener Parmesan
50 ml	fettreduzierte Kochsahne 7%
100 g	Rucola
200 g	Garnelen (aus der Kühltheke oder TK aufgetaut)
4	Knoblauchzehen
1 EL	ÖL
2 EL	Zitronensaft gehackte Petersilie

Fertig in ca. 50 Minuten.

Gerstenrisotto mit Scampis auf Rucola

Graupen abspülen und abtropfen lassen.

Karotten, Sellerie und Zwiebel in kleine Würfel schneiden und im Öl andünsten. Graupen zugeben und kurz mitbraten, dann mit Wein und Brühe ablöschen. 35-40 Minuten leicht köcheln lassen, bis das Gerstenrisotto eine cremige Konsistenz hat, dabei immer wieder umrühren. Nach etwa 20 Minuten die TK Erbsen zugeben.

Rucola waschen, trocken schütteln und auf den Tellern auslegen.

Garnelen abbrausen, Knoblauch schälen und in Scheibchen schneiden. Öl in einer Pfanne erhitzen, Knoblauch darin golden anbraten, die Garnelen zugeben und durchbraten, bei Bedarf salzen. Mit frisch gemahlenem Pfeffer würzen und mit etwas Zitronensaft ablöschen.

Zum Gerstenrisotto am Ende der Garzeit Sahne, Parmesan und Petersilie zugeben, mit Salz und reichlich Pfeffer abschmecken und alles mit den Garnelen auf dem Rucola anrichten.

1 Portion enthält ca.: 399 kcal · 12 g Fett · 46 g Kohlenhydrate · 21 g Eiweiß · 6 g Ballaststoffe · 78 mg Cholesterin

Saftiger Lammeintopf mit Kartoffeln

Felix Spezial für **Leichter leben**

Lammschulter in 2 cm große Stücke schneiden.

Kartoffeln schälen und in Schnitze schneiden. Lauch der Länge nach halbieren und in 4 cm lange Stücke schneiden. Zwiebel und Knoblauch grob zerkleinern.

Das Lamm gut und heiß anbraten, Hitze reduzieren, dann Tomatenmark, Knoblauch und Zwiebeln beigeben und ein wenig Farbe geben. Harissa, Nelken, Zimt, Kreuzkümmel und Korianderpulver kurz mitanziehen, mit der Brühe auffüllen, aufkochen.

Pflaumen, Lauch, Kartoffeln und Safran beigeben, die Eintopfmenge sollte knapp mit Flüssigkeit bedeckt sein. Leicht köchelnd, halb zugedeckt etwa 35-40 Minuten garen. Mit Salz und Pfeffer abschmecken, je nach Belieben noch ein wenig Harrisa beigeben.

Eintopf anrichten, mit dem gehackten Koriandergrün und den gerösteten Pinienkernen bestreuen.

Tipp: Schmeckt auch aufgewärmt!

Fertig in ca. 50 Minuten.

Harissa wird aus getrockneten Chilis, Knoblauch, Kreuzkümmel und Koriander zubereitet und ist feurig scharf.

1 Portion enthält ca.: 485 kcal · 19 g Fett · 40 g Kohlenhydrate · 37 g Eiweiß · 9 g Ballaststoffe · 92 mg Cholesterin

Zutaten für 4 Portionen:

600 g	Lammschulter	1-2 TL	Harissapaste
2 EL	Öl		(Gewürzregal)
100 g	getrocknete Soft-Pflaumen	2	Gewürznelken
500 ml	Würzer Brühe	1	Zimtstange
600 g	Kartoffeln festkochend	2 TL	Kreuzkümmel gemahlen
1	Stange Lauch	1 TL	Korianderpulver
4	Knoblauchzehen	1	Messerspitze Safran
1	große Zwiebel		
2 EL	Tomatenmark		Salz, Pfeffer aus der Mühle
50 g	Pinienkerne		
¼ Bund	frischer Koriander ersatzweise glatte Petersilie		

Lachs-Crêpes auf Salat an Traubenvinaigrette

Mehl und Salz in eine Schüssel geben, verquirltes Ei mit der Milch nach und nach mit dem Schneebesen oder Handmixer unterrühren bis ein glatter Teig entsteht. Zugedeckt eine halbe Stunde ziehen lassen.

Schnittlauch fein schneiden.

Beschichtete Bratpfanne erhitzen und je eine sehr kleine Messerspitze Butter darin schmelzen. Eine kleine Kelle voll Teig unter Schwenken in die Pfanne gießen, so dass der ganze Pfannenboden gleichmäßig dünn mit Teig bedeckt ist. Crêpe auf einer Seite leicht golden backen. Mit einer Spachtel den Crêpe auf eine Arbeitsfläche geben so dass die gebackene Seite unten ist.

Wenn alle Crêpes gebacken sind, mit saurer Sahne dünn bestreichen, mit Schnittlauch bestreuen und mit Lachs so belegen dass etwas Rand unbedeckt bleibt.

Die Crêpes jetzt sachte aufrollen, auf einen Teller legen, mit Klarsichtfolie bedecken und im Kühlschrank fest werden lassen.

Trauben halbieren und entkernen und Zwiebel fein hacken. Essig mit dem Öl, Honig und dem Senf vermischen. Trauben und Zwiebeln beigeben und mit Salz und Pfeffer abschmecken.

Gewaschenen Salat auf vier Tellern anrichten, Crêpes mit einem scharfen Messer in fingerdicke, ein wenig schräg versetzte Rollen schneiden. Dressing über den Salat geben, mit Meerrettich bestreuen und mit den Lachs - Crêpes dekorativ belegen.

Tipp: Auch eine sehr schöne Vorspeise, dann reicht aber die halbe Menge. Man kann die Crêpes auch schon am Vortag zubereiten und in Folie gewickelt im Kühlschrank frisch halten.

Fertig in ca. 60 Minuten.

1 Portion enthält ca.: 507 kcal · 25 g Fett · 38 g Kohlenhydrate · 32 g Eiweiß · 4 g Ballaststoffe · 188 mg Cholesterin

400 g geräuchter Lachs in feinen Scheiben
60 g saure Sahne 10%
½ Bund Schnittlauch

120 g Mehl z.B. Type 1050
¼ TL Salz
2 Eier
300 ml Milch 1,5%
20 g Butter zum Braten

400 g gemischter Blattsalat
3 EL Balsamico
1 EL Öl
1 EL Honig
1-2 TL grober Senf
1 kleine rote Zwiebel
200 g Trauben
4 EL geriebener Meerrettich

Kalbseintopf mit Salbei und Gemüse

Kartoffeln, Karotten und Pastinaken schälen und in etwa 2,5 cm große Würfel schneiden. Zwiebel und Knoblauch grob hacken. Tomaten entkernen und klein schneiden.

Fleisch portionsweise in 2 EL Öl rundherum gut anbraten, herausnehmen und auf die Seite stellen.

Im restlichen Öl nun die Karotten, Pastinaken, Zwiebel und Knoblauch golden anbraten, Tomaten und Tomatenmark beigeben, mit Mehl bestäuben, kurz mitanziehen bis es ein wenig Farbe annimmt, mit Rotwein ablöschen, Fleisch wieder beigeben und mit der Brühe auffüllen. Kartoffeln und Lorbeerblatt beigeben, aufkochen und zugedeckt bei kleiner Hitze etwa 45 Minuten schmoren.

Grob gezupften Salbei und grob gehackte Oliven beigeben und mit Salz und Pfeffer abschmecken.

Fertig in ca. 60 Minuten.

Zutaten für 4 Portionen:

600 g	Kalbfleisch z.B. Keule oder Hüfte, in Würfel geschnitten
40 g	Mehl
4 EL	Öl z.B. Olivenöl
200 g	Karotten
200 g	Pastinaken
500 g	Kartoffeln festkochend
2	Tomaten
1	Zwiebel
3	Knoblauchzehen
2 EL	Tomatenmark
20 g	schwarze Oliven
½ Bund	Salbei
1	Lorbeerblatt
200 ml	Rotwein
200 ml	*Leichter Leben* Würzer Brühe oder Rindsbrühe

Salz, Pfeffer aus der Mühle

Rote Bete an Senfsauce auf Nussblinis ⟦V⟧

Milch auf etwa 30°C erwärmen, Hefe und je eine Prise
Zucker und Salz darin auflösen. Mit dem hellen Mehl
zu einem Vorteig verrühren und etwa 20 Minuten
bei Zimmertemperatur gehen lassen. Den Vorteig mit
dem Buchweizenmehl und den Eiern zu einem zähen
Teig verrühren und nochmals eine halbe Stunde gehen
lassen.

Nüsse grob zerkleinern und unter den Teig heben. Wenig
Öl in einer beschichteten Pfanne erhitzen und mit einem
Löffel kleine Pfannkuchen herausbraten, warm stellen.

Während der Teig geht, das Gemüse vorbereiten.
Gekochte Rote Bete in 1 cm große Stücke schneiden,
Zwiebel schälen und hacken, Champignons vierteln.

In einer Pfanne 1 TL Öl erhitzen und darin die gehackten Zwiebeln anziehen, Pilze kurz mitbraten, Rote
Bete beigeben und mit der Brühe auffüllen und bei
mittlerer Hitze aufkochen. Beide Senfarten zugeben
und mit der Sahne verfeinern. Einreduzieren bis die
Sauce die gewünschte Konsistenz erreicht hat, fein
geschnitten Schnittlauch und ein paar Zitronentrop-
fen beigeben. Mit Salz und Pfeffer abschmecken.

Fertig in ca. 60 Minuten.

Zutaten für 4 Portionen:

500 g	Rote Bete vorgekocht und geschält
100 g	Champignons
1	Zwiebel
1 TL	Rapsöl
150 ml	Würzer Brühe
100 ml	fettreduzierte Kochsahne 7%
1 Bund	Schnittlauch
1 TL	süßer Senf
1 TL	grobkörniger Senf
1	Spritzer Zitronensaft

150 ml	Milch 1,5%
½	Hefewürfel
1 Prise	Zucker
	Salz
120 g	Mehl z.B. Type 1050
100 g	Buchweizenvollkornmehl
3	Eier
50 g	Walnüsse
2 EL	Rapsöl

Salz, Pfeffer aus der Mühle

1 Portion enthält ca.: 524 kcal · 24 g Fett · 56 g Kohlenhydrate · 20 g Eiweiß · 8 g Ballaststoffe · 168 mg Cholesterin

Rindseintopf mit Roter Bete $\boxed{\text{T}}$

Fleisch in 2 cm große Würfel schneiden. In einen
Suppentopf geben und mit der Brühe langsam
zum Kochen bringen, den entstandenen Schaum immer
wieder abschöpfen, etwa 45 Minuten bei mittlerer
Hitze köcheln lassen.

Zwiebeln schälen und achteln. Knoblauch flach drücken.
Karotten und Kartoffeln schälen und in kleinfingergroße Stücke schneiden, Rote Bete schälen und in
Schnitze schneiden, Kohl äußere Blätter und Strunk
entfernen und achteln. 6 Dillspitzen beiseite stellen.

Zwiebeln und Knoblauch in einer heißen Pfanne mit
dem Ö anbraten. Nach 45 Minuten zusammen mit
dem restlichen Gemüse zum Fleisch geben, eventuell
mit Wasser auffüllen. Aufkochen und nochmals etwa
45 Minuten bei mittlerer Hitze garen.

Balsamico und gehackte Kräuter beigeben und mit
Salz und Pfeffer abschmecken.

Den Eintopf in tiefen Tellern anrichten, frischen
Meerrettich darüber raffeln, einen Klacks saure Sahne
in die Mitte geben und mit den Dillspitzen dekorieren.

Tipp: Rindfleisch sollte gut mit Fett durchzogen und
vom gleichen Stück geschnitten sein.

Fertig in ca. 90 Minuten.

Zutaten für 6 Portionen:

600 g	Rindfleisch zum Sieden
2 EL	Öl z.B. Olivenöl
3	Zwiebeln
4	Knoblauchzehen
150 g	Karotten
300 g	Kartoffeln festkochend
800 g	Weißkohl
300 g	Rote Bete Knollen klein
1,5 l	leichte Rinderbrühe oder *Leichter Leben* Würzer Brühe
1 EL	Balsamico
½ Bund	Petersilie
½ Bund	Dill
4 cm	frischer Meerrettich oder 6 TL geraspelter Meerrettich aus dem Glas
100 g	saure Sahne 10%

Salz, Pfeffer aus der Mühle

Lässt sich prima einfrieren.

1 Portion enthält ca.: 340 kcal · 15 g Fett · 25 g Kohlenhydrate · 25 g Eiweiß · 8 g Ballaststoffe · 62 mg Cholesterin

Rindsgulasch mit Kartoffeln

Zwiebeln schälen, halbieren und in Streifen schneiden, Knoblauch fein hacken.

Öl erhitzen und darin das Fleisch portionsweise rundherum anbraten, dann herausnehmen.

Nun im selben Topf die Zwiebeln glasig anbraten, Fleisch und den Knoblauch beigeben und bei mittlerer Hitze weiterdünsten bis die Zwiebeln zerfallen. Tomatenmark kurz mitbraten, beide Paprikas und das Mehl einstreuen und kurz erhitzen, dann mit Rotwein ablöschen und mit der Brühe auffüllen. Zugedeckt je nach Fleisch etwa eine halbe Stunde bei mittlerer Hitze garen.

Zwischenzeitlich Kartoffeln schälen und in 3 cm große Würfel schneiden. Kartoffeln beigeben und nochmals 30 Minuten garen lassen.

Abgeriebene Zitronenschale, Kümmel und Butter miteinander zu einer Paste mischen und auf einem Schneidebrett fein hacken. Die Butter verhindert dass der Kümmel beim Hacken davon fliegt.

Wenn das Ragout schön weich ist mit Salz und reichlich Pfeffer abschmecken, Zitronen-Kümmel-Butter unterrühren und die fein gehackte Petersilie einstreuen.

Fertig in ca. 90 Minuten.

Zutaten für 4 Portionen:

500 g	Rinderragout, Rindergulasch
500 g	Kartoffeln, festkochend
500 g	Zwiebeln
4	Knoblauchzehen
2 EL	Rapsöl
2 EL	Tomatenmark
2 TL	Paprika Rosenscharf
2 TL	Paprika Edelsüß
1 TL	Mehl
200 ml	Würzer Brühe oder Fleischbrühe
100 ml	Rotwein
1 TL	Kümmel
½	Zitrone, Schale
1 TL	Butter
½ Bund	Petersilie

Salz, Pfeffer aus der Mühle

Felix Spezial für Leichter leben

Schmeckt auch aufgewärmt hervorragend.

1 Portion enthält ca.: 391 kcal · 14 g Fett · 30 g Kohlenhydrate · 30 g Eiweiß · 4 g Ballaststoffe · 74 mg Cholesterin

Hühnchen Pasta Eintopf

Alle Gemüse außer Knoblauch putzen und in kleinfingergroße Stängel schneiden.

In einem Suppentopf 2 EL Öl erhitzen und darin die Zwiebel, Karotte und den Lauch anbraten, mit der Brühe auffüllen, Sternanis und Lorbeer beigeben und aufkochen.

In der Zwischenzeit Hühnchen unter fließendem Wasser kurz waschen und zusammen mit dem Rettich und Stangensellerie in die kochende Brühe geben. Das Hühnchen sollte knapp mit Brühe bedeckt sein und unter dem Siedepunkt etwa 1 Stunde garen.

Hühnchen und Gemüse aus der Brühe nehmen, Sternanis und Lorbeer entfernen. Brühe durch ein feines Sieb gießen, wieder in den Suppentopf geben und so gut wie möglich entfetten. Dann wieder aufkochen und darin die Pasta nach Packungsanweisung garen. Hühnchenfleisch von den Knochen lösen, die Haut entfernen.

Wenn die Pasta al dente ist, Chiliflocken, Sojasoße, Thymianblätter, Gemüse und Fleisch beigeben, nur noch kurz aufkochen lassen.

In einer beschichteten Pfanne restliches Öl erhitzen und darin den gehackten Knoblauch golden und knusprig braten, abschütten und mit der gehackten Petersilie zum Eintopf geben, mit Salz und reichlich Pfeffer abschmecken.

Tipp: Man kann jegliche Art von Pasta bei diesem Gericht verwenden.

Fertig in ca. 90 Minuten.

Zutaten für 6 Portionen:

1	Hühnchen 1200 g	1 TL	Chili Flocken
3 EL	Olivenöl	2 EL	Sojasoße
4	Knoblauchzehen	200 g	Orecchiette Pasta
150 g	Karotten		(Muscheln)
150 g	Rettich	1,5 l	Würzer Brühe
1	Lauch		oder Hühnerbrühe
2	Stangensellerie	½ Bund	Petersilie
2	Zwiebeln		
2	Sternanis		Salz
2	Lorbeerblätter		Pfeffer aus der
2 TL	Thymian Blättchen		Mühle

Felix Spezial für Leichter leben

1 Portion enthält ca.: 474 kcal · 19 g Fett · 30 g Kohlenhydrate · 45 g Eiweiß · 4 g Ballaststoffe · 192 mg Cholesterin

Lachsforelle mit Proseccoschaum und Fenchel auf Bohnenpüree T

Mit einem Messer bei der Tomate den Strunk herausschneiden und auf der Gegenüberseite die Haut kreuzweise leicht einschneiden. Tomate kurz in kochendes Wasser geben bis sich die Haut ablösen lässt. Haut und Kerne entfernen und das Fleisch in kleine Würfel schneiden. Hälfte der Melisse grob hacken. Schalotten schälen und fein hacken. Ofen auf 170°C vorheizen.

Fenchel und Sellerie putzen und in Scheiben schneiden, kurz in kochendem Salzwasser blanchieren.

Forellenfilets salzen und pfeffern. In einer beschichteten Pfanne Öl erhitzen, Fisch und fein gehackte Schalotten beigeben. Lachsforelle kurz beidseitig anbraten, nach dem Wenden Hitze klein stellen, herausnehmen und im vorgeheizten Ofen bei etwa 170°C 8 Minuten je nach Größe garen, der Fisch sollte nicht allzu fest durch sein, auf dem Fenchel und Sellerie warm stellen.

In der Zwischenzeit Butter zu den Schalotten in die Pfanne geben und mit 230 ml Prosecco ablöschen, aufkochen und auf die Hälfte einreduzieren lassen.

Ei und das Eigelb mit dem Zitronensaft in einer Schüssel vermischen und im Wasserbad mit einem Schneebesen schaumig schlagen (Zabaione). Vorsicht, das Wasser sollte nicht kochen.

Nach und nach die reduzierte Proseccobrühe unterziehen, von der Hitze nehmen, ein paar Tropfen Tabasco, Zucker und die gehackte Melisse unterziehen, mit Salz und Pfeffer abschmecken, zum Schluss den übrigen Prosecco zugeben. Kurz vor dem Servieren die Tomatenwürfel einstreuen.

Butter in einer Pfanne schmelzen, gehackten Knoblauch beigeben und glasig dünsten. Brühe und abgetropfte Bohnen zugeben, aufkochen, salzen und von der Hitze nehmen. Kartoffelpüreepulver einrühren und ziehen lassen bis die Masse ein wenig eindickt. Bohnenmasse mit dem Mixstab pürieren. Nochmals kurz erwärmen. Zitronenschale, -saft, Olivenöl und das grob gehackte Bohnenkraut unterziehen. Abschmecken.

Bohnenpüree auf die Mitte eines heißen Tellers geben, darauf ein wenig vom Gemüse verteilen und dann das Fischfilet auf dem Bett anrichten, mit der Sauce nappieren und mit der verbliebenen Melisse dekorieren.

Fertig in ca. 90 Minuten.

1 Portion enthält ca.: 442 kcal · 16 g Fett · 22 g Kohlenhydrate · 41 g Eiweiß · 5 g Ballaststoffe · 224 mg Cholesterin

Zutaten für 4 Portionen:

4	Lachsforellenfilets à 160 g
2	Schalotten
1	Stängel Stangensellerie
1	Fenchel
1 EL	Olivenöl
10 g	Butter
250 ml	Prosecco
1	Eigelb
1	Ei
2 EL	Zitronensaft
etwas	Tabasco
1 Prise	Zucker
1	Fleischtomate
1 Bund	Zitronenmelisse
200 g	weiße Bohnen aus der Dose
150 ml	leichte Würzer Brühe
1	Knoblauchzehe
10 g	Butter
3 EL	Kartoffelpüreeflocken
1 Zweig	Bohnenkraut
1 TL	kaltgepresstes Olivenöl
1 TL	feingeriebene Zitronenschale
½ TL	Zitronensaft

Salz, Pfeffer aus der Mühle

Zucchini Auberginen Moussaka mit Kichererbsen ⊤ V

Kichererbsen 12 Stunden in reichlich lauwarmem Wasser einweichen. Abgießen und in frischem Wasser ohne Salz weich kochen, etwa 40 Minuten.

Zwischenzeitlich Zucchini in 1-2 mm dünne Längsscheiben schneiden, Aubergine in 5 mm dicke Querscheiben. Tomaten mit den Kernen in kleine Würfel schneiden und in eine kleine Schüssel geben. Zwiebel und Knoblauch hacken.

In einer Pfanne 2 EL Öl erhitzen und darin kurz die Zucchinischeiben anbraten, beiseite stellen. Auberginen salzen und pfeffern und auch in der Pfanne braten bis das Auberginenfleisch fast weich ist.

In der gleichen Pfanne im restlichen Öl die gehackte Zwiebel und Knoblauch golden anbraten, mit den Tomaten ablöschen, kurz mit anziehen und in einem Mixer pürieren, zurück in die Pfanne geben, aufkochen und mit Salz und reichlich Pfeffer abschmecken.

Die Hälfte der Tomatensauce mit den Kichererbsen und dem gewaschenen und grob zerkleinerten Spinat vermischen.

Die Hälfte des Basilikums grob zerhacken und mit dem zerkrümelten Feta mischen. Backofen auf 170°C vorheizen. In jeweils eine Tasse einen Zucchinistreifen legen so dass der Streifen noch auf beiden Seiten herausschaut. Die 4 Tassen nun weiter mit Zucchini auslegen so dass die Tassen ganz ausgelegt sind.

Eine der kleineren Auberginenscheiben auf den mit Zucchini ausgelegten Boden der Tasse legen.

Nun abwechslungsweise von der Fetamischung, dann Kichererbsen mit Tomatensauce, dann wieder eine Auberginenscheibe, nochmals Reihenfolge wiederholen, zum Schluss wieder mit einer größeren Auberginenscheibe abschließen, die überlappenden Zucchinistreifen jetzt nach innen klappen und mit den Fingern ein wenig andrücken. So im Ganzen mit allen vier Tassen verfahren.

Die Tassen auf einem Blech etwa für 15 Minuten bei 170°C in den Ofen schieben. Herausnehmen und etwa 5 Minuten stehen lassen.

Fast alle Tomatensauce auf 4 heißen Tellern in der Mitte verteilen. Moussaka mit Hilfe eines kleinen Messers anlösen und vorsichtig auf den Saucenspiegel stürzen. Ein wenig Tomatensauce auf das Moussaka geben und übriggebliebene Fetamischung darüber streuen und mit dem restlichen Basilikum dekorieren.

Fertig in ca. 90 Minuten.

Tipp: Das Kicherbsen- Spinat- Tomatenragout können Sie ein wenig mit Kreuzkümmel, Korianderpulver und ein wenig Zimt, eventuell ein wenig Kardamom würzen, dann bekommt das Ganze noch ein wenig einen würzigeren orientalischen Touch.

1 Portion enthält ca.: 306 kcal · 18 g Fett · 18 g Kohlenhydrate · 17 g Eiweiß · 7 g Ballaststoffe · 31 mg Cholesterin

Zutaten für 4 Portionen:

150 g	Kichererbsen
80 g	junger Blattspinat frisch
2	Zucchini, ca. 25 cm lang
1	Aubergine
4 EL	Olivenöl
1	Zwiebel
1	Knoblauchzehe
700 g	Tomaten
	Salz, Pfeffer
1 Bund	Basilikum
180 g	Feta Käse 9% Fett abs.
	Salz, Pfeffer aus der Mühle

Felix Spezial
für
Leichter
leben

Chinesisch geschmorter Enteneintopf

In einem großen Topf Wasser zum Kochen bringen und die Ente für eine Minute hinein hängen, Ente herausnehmen und gut abtropfen lassen. Mit Küchenkrepp innen trocken tupfen.

Ente mit der Geflügelschere in acht etwa gleich große Teile schneiden.

Selleriestangen in kleine Würfel schneiden. Schalotten, Chili, Knoblauch und Ingwer fein hacken und in einem erhitzten Topf im Öl glasig anbraten.

Entenstücke beigeben und gut anbraten. Anis, Kardamom, Zimt, Kreuzkümmel, Zucker und einen EL Pfeffer aus der Mühle einstreuen, kurz mitanziehen, mit dem Brandy ablöschen und mit der Sojasoße und der Brühe auffüllen, aufkochen. Etwa 1 Stunde leicht köcheln.

In der Zwischenzeit den Pak Choy vierteln, Tomaten entkernen, Korianderstängel feinschneiden und nach der Stunde in den Topf zur Ente geben, nochmals etwa 10 Minuten garen.

Frühlingszwiebeln fein schneiden, Koriandergrün oder Petersilie hacken und beides zur Seite stellen.

Nudeln nach Packungsanweisung garen, abgießen und auf vier Suppentellern verteilen.

Eintopf mit Salz abschmecken und gehacktes Koriandergrün und Frühlingszwiebeln einstreuen. Ente mit Gemüse und Flüssigkeit über die Nudeln verteilen.

Tipp: Man kann Sambal Olek separat dazu reichen. Wenn möglich im Asienshop frische Eiernudeln kaufen.

Fertig in ca. 100 Minuten.

Felix Spezial für Leichter leben

Zutaten für 4 Portionen:

½	Jungente küchenfertig ca. 750 g	3	Sternanis
1 l	Leichter leben Würzer Brühe	2	Kardamomkapseln
1 EL	Rapsöl	1	Zimtstange
4	Knoblauchzehen	1 TL	Kreuzkümmel
150 g	Schalotten	1 TL	Zucker
2	Chilischoten	3 EL	Brandy
100 g	Stangensellerie	3 EL	Sojasoße
5 cm	frischer Ingwer	200 g	Chinesische
200 g	Pak Choy		Eiernudeln
2	Tomaten		Salz
½ Bund	Koriandergrün oder glatte Petersilie		Pfeffer aus der Mühle
3	Frühlingszwiebeln		

1 Portion enthält ca.: 555 kcal · 20 g Fett · 44 g Kohlenhydrate · 49 g Eiweiß · 5 g Ballaststoffe · 208 mg Cholesterin

Rindseintopf mit Kürbis

Rindfleisch in ca. 1,5 cm große Würfel schneiden und leicht mit Salz und Pfeffer würzen.

Zwiebeln und Knoblauch hacken. Tomaten entkernen und klein schneiden.

In einer heißen Schmorpfanne in 2 EL Öl das Fleisch portionsweise rundherum anbraten, dann herausnehmen.

Restliches Öl zugeben und in der Pfanne Zwiebeln und Knoblauch anschwitzen, mit Mehl bestäuben, Fleisch und Tomaten zugeben, kurz mitanziehen, mit dem Wein ablöschen, mit der Brühe auffüllen und etwa 1 Stunde je nach Fleischqualität zugedeckt schmoren lassen.

Zwischenzeitlich Kürbis und Lauch in etwa 1,5 cm große Würfel schneiden.

Aufgetaute Kastanien, Kürbis, Lauch und die Kräuter zugeben und nochmals eine halbe Stunde köcheln lassen, mit Salz und Pfeffer abschmecken.

Stärke in etwas Wasser anrühren und unter Rühren einfließen lassen, kurz aufkochen, Sahne zugeben.

Fertig in ca. 100 Minuten.

Zutaten für 4 Portionen:

600 g	Rindfleisch für Gulasch
3 EL	Öl
2 EL	Mehl z.B. Type 1050
2	Zwiebeln
3	Knoblauchzehen
2	Tomaten
250 g	Kürbisfleisch
100 g	Lauch
250 g	Maronen z.B. tiefgekühlt oder Konserve
2	Lorbeerblätter
2	Zweige Rosmarin
2	Zweige Salbei
300 ml	Rotwein vom Land
200 ml	Würzer Brühe oder Rindsbrühe
50 ml	fettreduzierte Kochsahne 7%
2 TL	Stärke

Salz, Pfeffer aus der Mühle

Anstatt Kürbis schmeckt auch die Variante mit Pastinake.

Apfelschlupfkuchen mit Leichter leben Süßer

Eine Springform mit 28 cm Ø mit wenig Butter einfetten, Ofen auf 100°C vorheizen.

Butter, Eier und Vanillezucker schaumig schlagen, Leichter leben Süßer gut unterrühren. Prise Salz zugeben.

Mehl und Backpulver sieben und abwechselnd mit der Milch in die Teigmasse rühren.

Den Teig in die Springform geben.

Äpfel schälen, vierteln, entkernen und auf der Oberseite längs mit dem Messer mehrmals einschneiden.

Äpfel mit der eingeschnittenen Seite nach oben etwas in den Teig drücken.

Kuchen auf die unterste Schiene in den Ofen geben, Temperatur auf 180°C erhöhen und in ca. 30-40 Minuten backen. Durch die Verwendung von Leicher leben Süßer Zuckerersatz bräunt Gebäck weniger, Garprobe mit Holzstäbchen durchführen.

Kuchen auf einem Rost auskühlen lassen, aus der Form nehmen und mit wenig Puderzucker bestreuen.

Tipp: Dieser Kuchen kann gut eingefroren werden.

Fertig in ca. 60 Minuten.

Zutaten für 12 Stücke:

125 g	Butter
2	Eier
½ Pck.	Vanillezucker
1 Prise	Salz
60 g	Leichter leben Süßer Zuckerersatz
250 g	Mehl
½ Pck.	Backpulver
65 ml	Milch 1,5%
4-5	Äpfel
etwas	Butter für die Form
wenig	Puderzucker zum Bestreuen

1 Stück enthält ca.: 197 kcal · 10 g Fett · 23 g Kohlenhydrate · 4 g Eiweiß · 2 g Ballaststoffe · 60 mg Cholesterin

Seit vielen Jahren gibt es die beliebten Kochbücher von „Leichter leben in Deutschland", jedes Jahr mit neuen, leckeren Rezepten. Die Schwerpunkte sind unterschiedlich, wählen Sie nach persönlichem Bedarf:

Band 1 (erschienen 2006)

Zwischenzeitlich nahezu ein Klassiker, Hauptgewicht liegt auf der angepassten Fettreduktion bei vollem Geschmack. Neben Rezepten für die Zündungsphase finden Sie hier viele Mitnahmerezepte fürs Büro oder unterwegs.

Band 2 (erschienen 2007)

In diesem Band finden Sie einzelne Kapitel über Brot und Brotsorten, über Kartoffeln, Nudeln und Reis. Der Rezeptteil enthält ein spezielles Kapitel über mediterrane Ernährung mit leckeren Gerichten.

Band 3 (erschienen 2008)

Ideal für Liebhaber von sättigenden Suppen, ferner sind spezielle Rezepte für Kinder enthalten, viele Frühstücksideen und natürlich wieder über 100 weitere leckere Rezepte zum Schlankwerden.

Band 4 (erschienen 2009)

Frühstücke, Salate, Suppen, Hauptgerichte, Fisch, Fleisch, Nudeln, Brotzeit, vegetarisch, asiatisch, mediterran und verführerische Desserts, damit funktioniert die leichte und gesunde Küche, garantiert!

Band 5 (erschienen 2010)

Hierin finden Sie Rezepte für die Zündungstage, eine große Turbo-Abteilung, einfach zuzubereitende Mitnahmegerichte, natürlich Rezepte für jeden Tag und die ganze Familie, Partyrezepte und sogar Leichter leben taugliche Kuchen und Desserts. Einfach lecker!

Band 6 (erschienen 2011)

Das Koch- und Begleitbuch mit neuen Turborezepten, viel zum Thema Entsäuerung und vielen leckeren Rezepten zum Abnehmen und Schlankbleiben.

Band 7 (erschienen 2012)

Wie in allen Leichter leben Kochbüchern sind auch hier alle Rezepte genau beschrieben mit Zutaten, Reihenfolge der Zubereitung, Zeitdauer und Nährwerten. Eine Besonderheit ist die Kennzeichnung aller Rezepte nach dem Meta-Typ. Untersuchungen aus den USA belegen, dass eine an den Meta-Typ angepasste Ernährung um bis zu 50% bessere Abnehmerfolge bringt und das Halten des Gewichtes erleichtert.

Band 8 (erschienen 2013)

Das Koch- und Begleitbuch mit einem umfangreichen Theorieteil. Vollwertige Salatgerichte, schnelle Pfannen, viele vegetarische Gerichte wie auch Fleisch-, Nudel- und Gourmetrezepte für den anspruchsvollen Gaumen lassen beim Abnehmen keine Wünsche offen.

Gut leben mit Typ 2 Diabetes

Gutes Essen und ein gesundes Leben gehören zusammen. Dieses Buch hilft Ihnen ab sofort gesünder und trotzdem lecker zu essen – auch und gerade als Diabetiker. Das Kochbuch für Genuss ohne Reue enthält über 100 alltaugstaugliche Rezeptideen und 50 erfolgreiche Extratipps.

Sie erhalten alle Bücher über teilnehmende „Leichter leben in Deutschland" Apotheken oder im Online-Shop von Leichter leben unter <u>www.llid.de</u>

Ergänzen, beschleunigen, helfen

Durch kleine, gezielte Veränderungen der Ess- und Trinkgewohnheiten sowie durch ein Plus an Bewegung steht einem erfolgreichen und dauerhaften Abnehmen nichts mehr im Weg. Nur wer primär auf diese Bausteine setzt, wird dauerhaft Erfolg haben. Hier helfen leider weder Pillen noch Pulver oder gar Wunderdiäten, nur durch Eigeninitiative ist Ihr Erfolg gesichert.

Trotzdem gibt es vernünftige und erprobte Hilfsmittel, die das Abnehmen leichter und erfolgreicher machen.

Ergänzen und helfen, wo es Sinn macht und beschleunigen bei Stillständen – dafür sind die Leichter leben in Deutschland Nahrungsergänzungen und Diätprodukte konzipiert. Alle Leichter leben in Deutschland Produkte erhalten Sie über teilnehmende Apotheken, oder im Online-Shop von Leichter leben unter **www.llid.de**

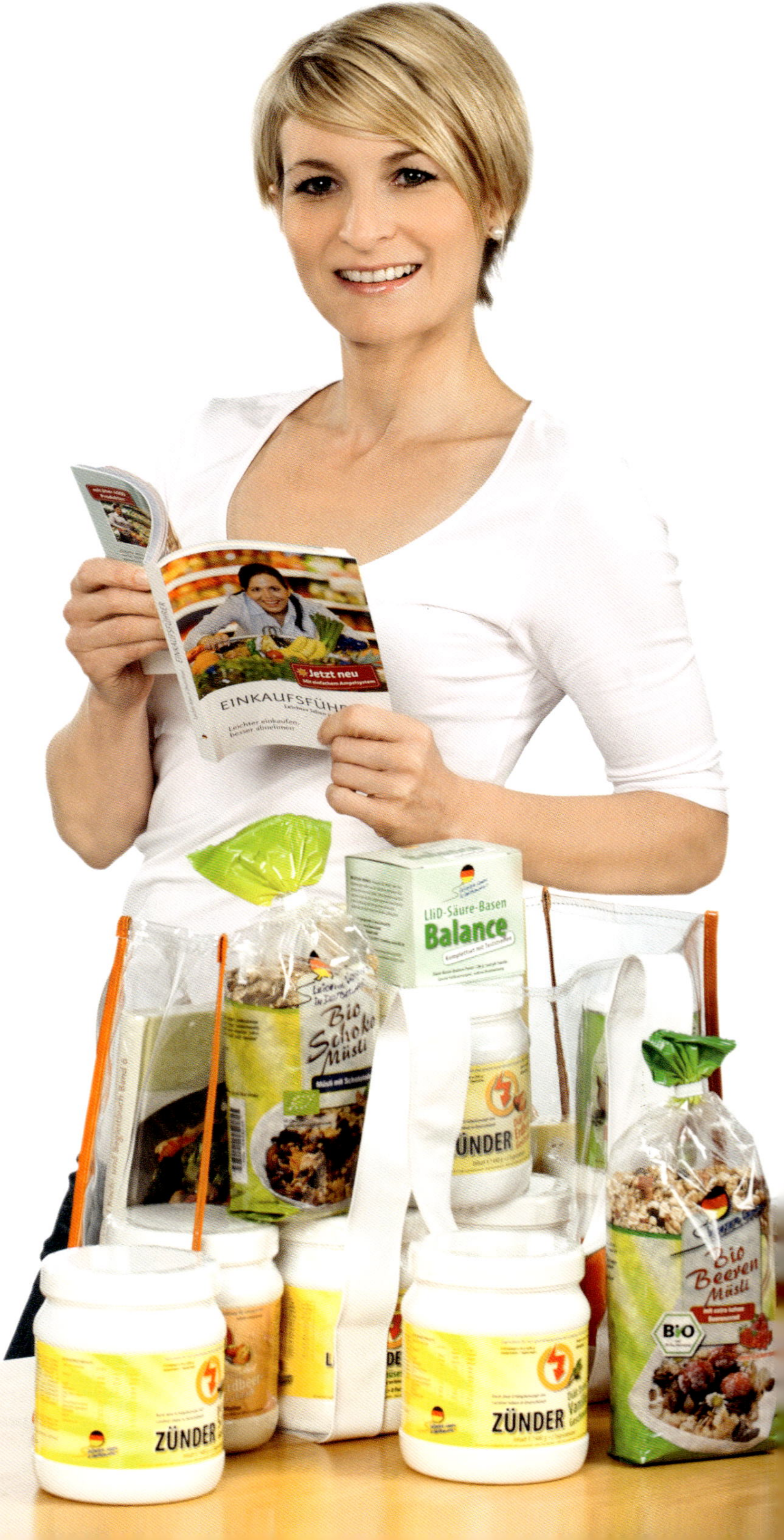

Leichter leben Zünder

Die Leichter leben in Deutschland Zünder sind speziell für die beiden Zündungstage konzipiert.

Damit programmieren Sie den Stoffwechsel effektiv von Einlagerung auf Abgabe um. Das Abnehmen beginnt und der Hunger verschwindet. Die Basis fürs Abnehmen ist geschaffen. Genial!

Ruckzuck nur mit Wasser angerührt, ein zugelassener Nahrungsersatz, der Sie komplett mit allen wichtigen Vitaminen, Mineralien und essentiellen Nährstoffen versorgt, bei gleichzeitig nur wenig Kalorien. Das unterscheidet den *Leichter Leben*® Zünder von scheinbar ähnlichen Produkten.

Besonders empfehlenswert ist die *Leichter Leben*® Zündersuppe, Gemüsesuppe mit Curry verfeinert, einfach mit heißem Wasser zubereitet. Zudem sind diverse cremige Varianten erhältlich. Erfrischend, samtig oder herzhaft, für jeden Geschmack der richtige Start ins erfolgreich Abnehmen.

Leichter leben Turbo

Bei den Leichter leben in Deutschland Turbo Shakes handelt es sich um einen sogenannten Mahlzeitenersatz. Ideal für zu Hause, unterwegs oder im Büro.

Sekundenschnell gemixt im *Leichter Leben*® Shaker, versorgt der leckere Turbo den Körper mit wichtigen Nährstoffen bei geringer Kalorienzufuhr und die enthaltenen Ballaststoffe verlängern die Sättigung. Erhältlich mit Vanille-, Schoko- oder verführerischem Milchkaffee- Geschmack, außerdem in der herzhaften Variante Kartoffelsuppe.

Zum erfolgreichen Abnehmen ersetzen Sie 1-2 Mahlzeiten pro Tag durch einen Turbo Shake.

So purzeln die Pfunde und der Stoffwechsel bleibt in Schwung.

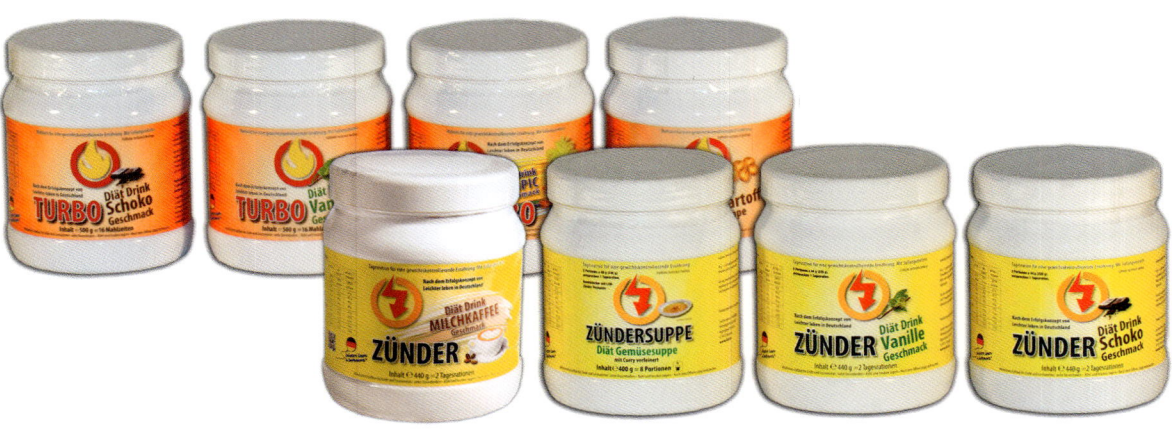

Ihr Abnehmscout – Hilfe und Unterstützung

Das erweiterte Abnehmkonzept von „Leichter leben in Deutschland" ruht auf 2 entscheidenden Säulen: Die Apotheke vor Ort bietet Ihnen wichtige Messungen, persönliche Beratung und umfangreiche Schulungen, der „abnehmscout" hilft Ihnen die Wünsche erfolgreich umzusetzen. Egal ob zu Hause, im Büro oder wo immer Sie gerade sind, Sie geben Ihre persönlichen Erfolge, Ihr Essen und Trinken, Ihre sportlichen Aktivitäten in dieses internetbasierte Programm ein. Wann immer Sie Zeit und Lust haben, ohne Zwang oder Zeitvorgaben, ohne Öffnungszeiten.

Das Programm berechnet Ihre Ausgangssituation und protokolliert Ihre Erfolge, stellt die ermittelten Werte anschaulich dar und gibt Prognosen für das weitere Abnehmprogramm. Ihr geschulter Berater in der Apotheke verfolgt Ihre Aktivitäten im Hintergrund. Er unterstützt Sie, er motiviert und begleitet Sie. Er ist Ihr „abnehmscout". Immer wenn Sie wollen, immer wenn Sie Unterstützung wünschen. Wie ein Trainer führt Sie der „abnehmscout" näher an Ihr Wunschgewicht. Jede Woche erhalten Sie einen detaillierten Bericht und Ratschläge für die nächsten Tage.

Als Sonderleistung können Sie über dieses Programm alle Schulungsinhalte der Gruppenkurse abrufen. Unabhängig von festen Seminarterminen führt Sie der „abnehmscout" durch die Theorie und Praxis des gesunden und erfolgreichen Abnehmens.

Selbstverständlich testen Sie zunächst unsere Leistungen unverbindlich und kostenlos in einem Probeabo, ohne Verpflichtung. Das Abo läuft automatisch aus, Sie brauchen weder kündigen noch andere Schritte unternehmen. Alles ohne Risiko für Sie. Ihre Leichter leben Apotheke hält für Sie weitere Information bereit.

www.abnehmscout.de

Irmgard Gerlach

ist langjährige Geschäftsführerin der Leichter leben in Deutschland VertriebsgmbH und kommt von der theoretischen Seite. Nicht professionell kochen waren Ihre Stärken, sondern gut essen und leckere Gerichte genießen.

Sie wählt die Rezepte verschiedener Autoren aus, berechnet die Nährwerte und Zusammensetzungen, passt diese an das Konzept von Leichter leben an, kocht und testet die Rezepte, abschließend bereitet Sie die Gerichte für das Fotostudio vor. Seit einigen Jahren entwickelt sie auch eigene Rezepte wobei ihr Hauptaugenmerk auf einer schnellen und unkomplizierten Zubereitung liegt.

Felix Bamert

ist gebürtiger Schweizer, lebt aber seit einigen Jahren glücklich mit Frau und Tochter in Thailand. Der Profikoch arbeitet nach einigen internationalen Stationen jetzt als Executive Chef, im wunderschönen Mirihi Island Resort auf den Malediven.

Die von Haus aus leichte und figurfreundliche asiatische Küche passt er in exzellenter Form dem europäischen Geschmack an oder verleiht Standardgerichten eine aufregend neue Geschmacksnote durch die Kombination mit gängigen oder exotischen - mittlerweile auch bei uns fast in jedem Supermarkt erhältlichen - Gewürzen. Seine Art der Zubereitung ist zeitsparend und macht die Küchenarbeit selbst bei Gourmetgerichten stressfrei.

Inhaltsverzeichnis nach Kategorie

Inhaltsverzeichnis nach Kategorie

Inhaltsverzeichnis nach Kategorie

Rezepte Alphabetisch

Rezepte Alphabetisch

Impressum

Leichter leben in Deutschand Kochbuch Band 9

Idee, Konzeption und Copyright:
Irmgard und Hans Gerlach, Leichter leben in Deutschland Vertriebsgesellschaftmbh

Rezepte:
Irmgard Gerlach, Felix Bamert, Elke Müller, Lucie Haber, Leichter leben VertriebsgesellschaftmbH

Herstellung und Vertrieb:
Leichter leben VertriebsgesellschaftmbH, Regensburger Str. 14, 94315 Straubing, www.llid.de, Mail: orga@llid.de

Beratung:
Die neue Gesundheitsküche®

Erschienen Dezember 2014 im Attoverlag, 94348 Atting

Druck: Passavia GmbH, Passau
Printed in Germany
ISBN: 978-3-942590-10-5
PZN: 10827456
Fotos: Irmgard Gerlach, Hans Gerlach, fotolia (Warren Goldswain, viperagp, vanillaechoes, Jack Jelly, seralex, Kurhan, Andres Rodriguez)

Grafik, Druckvorbereitung und Abwicklung: Alexandra Mischke, Leichter leben in Deutschland